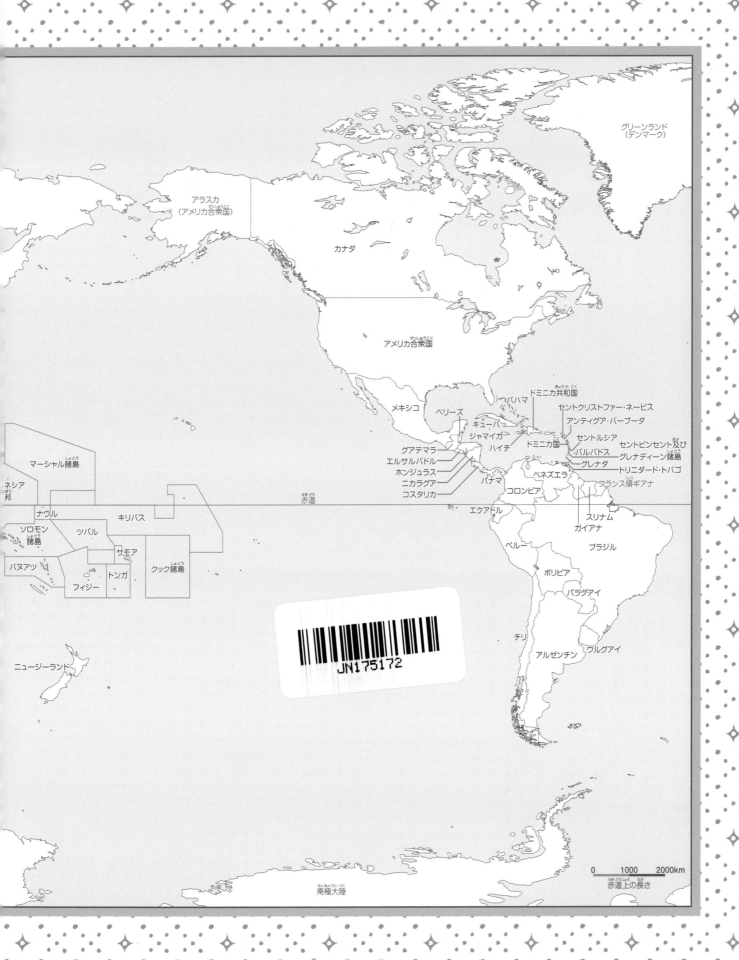

池上彰 監修！
国際理解につながる宗教のこと

2

宗教を知ろう

この本を読むみなさんへ

あなたは、ふだん、宗教というものを、どれくらい意識しているでしょうか。多くの人は、「宗教なんて、ほとんど意識していないし、あまり考えたこともない」と思っているのではないでしょうか。学校の授業には「宗教」はありません。家でも宗教のことを話題にする人はそう多くないようです。でも、私たちのくらしの中には、宗教と関係したことが意外に多いのです。

例えば、節分やクリスマスなどの年中行事。これらの多くは、宗教と関係があります。また、お正月に神社に行って「今年も健康に過ごせますように」などと願うことも、宗教と関係しています。私たちが受けついできた文化の中には、意識しなくても宗教に関することが意外とたくさんあるのです。

外国ではどうでしょうか。国によって程度の差がありますが、人々が、まったく宗教と関係なく暮らしている国はほとんどないと言ってよいでしょう。世界の人々は、宗教と関わりをもって生きているということです。

宗教は、昔から、人がどう生きるか、どう暮らすかを決めるもとになってきました。そのため、宗教が原因で戦争になったこともあります。現在でも、宗教に関係して争いや対立が起こることもあります。世界の動きや国と国の関係を理解するために、「宗教」という目で見ると、なぜ今の世界がこうなっているかがわかることもあります。このシリーズでは、国際理解がしやすくなるように、宗教を考えていきます。

この巻では、「宗教を知ろう」として、世界の主な宗教について、いつごろ、だれが、どのように始めたのか、また、教えや儀式、宗派がどうなっているかなどを調べていきます。それぞれの宗教の特ちょうがわかるでしょう。また、宗教と宗教が、どのようにつながっているのか、どんな問題や争いがあるのかを考えます。宗教について、深く調べていきましょう。

監修　池上彰

1950年、長野県生まれ。大学卒業後、NHKに記者として入局する。社会部などで活躍し、事件、災害、消費者問題などを担当し、教育問題やエイズ問題のNHK特集にもたずさわる。1994年4月からは、「週刊こどもニュース」のおとうさん役兼編集長を務め、わかりやすい解説で人気となった。現在は、名城大学教授。
おもな著書に、『一気にわかる！池上彰の世界情勢2017』（毎日新聞出版）、『池上彰の世界の見方：15歳に語る現代世界の最前線』（小学館）、『伝える力』（PHP研究所）、『池上彰の戦争を考える』（KADOKAWA）がある。

・宗教の教えや歴史上のできごとについては、それぞれの宗教の観点をふまえ、できるだけ客観的に書くことを心がけています。
・宗教上のできごとなどについては、さまざまな説やとらえ方、不明点があります。本文中に書かれていること以外の説などを否定するものではありません。
・イラストは、読者の理解を助けとなることを優先し、デフォルメ（演出上の改変）をしたものもあります。

＊このシリーズは、2017年1月現在の情報をもとにしています。

もくじ

第1章 さまざまな宗教

世界の宗教 …………………………………………………………………………… 4

1 キリスト教
　キリスト教の始まり ………………………………… 6
　キリスト教の教え …………………………………… 8
　キリスト教の聖典〜聖書 …………………………… 10
　キリスト教の儀式と祭り …………………………… 12
　キリスト教の宗派 …………………………………… 14

2 仏教
　仏教の始まり ………………………………………… 16
　仏教の教え …………………………………………… 18
　仏教の行事 …………………………………………… 20
　仏教の宗派 …………………………………………… 22

3 イスラム教
　イスラム教の始まり ………………………………… 24
　イスラム教の教え …………………………………… 26
　イスラム教の儀礼と行事 …………………………… 28

4 その他の宗教
　① 神道　　　神道の始まり ………………………… 30
　　　　　　　神道の教え …………………………… 32
　　　　　　　神道の儀式と行事 …………………… 34
　② ユダヤ教　ユダヤ教の始まりと歴史 …………… 36
　　　　　　　ユダヤ教の教え ……………………… 38
　③ ヒンドゥー教　ヒンドゥー教の始まり ………… 40
　　　　　　　　　ヒンドゥー教の教えと行事 …… 42

第2章 宗教のつながり

宗教をめぐる問題 ……………………………………………… 44
宗教のつながり① ……………………………………………… 46
宗教のつながり② ……………………………………………… 48
聖地をめぐる争い ……………………………………………… 50
宗教をめぐる問題や争い ……………………………………… 52
おたがいを理解するために …………………………………… 54

第1章 さまざまな宗教
世界の宗教

世界には、さまざまな宗教があります。キリスト教、イスラム教、仏教は、世界三大宗教と呼ばれ、広い地域にたくさんの信者がいる宗教です。そのほかにも、多くの宗教があります。

キリスト教

世界で最も信者が多く、紀元30年ごろにいたイエスの教えを信じる宗教です。ヨーロッパやアメリカに信者が多いですが、アジアでも、フィリピンのように、信者が多い国もあります。

キリスト教を信じる人たちの祈り。
soulofbeach / Shutterstock.com

世界の宗教

■ キリスト教
■ イスラム教
■ 仏教
■ ヒンドゥー教
■ ユダヤ教
■ その他の宗教

イスラム教

キリスト教の次に信者の多い宗教です。7世紀にムハンマドによって開かれ、その後、中東や北アフリカ、中央アジアなどに広まりました。

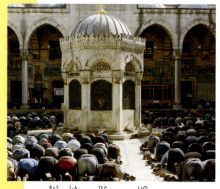

イスラム教を信じる人たちの祈り。
istanbul_image_video / Shutterstock.com

ユダヤ教

唯一絶対の神を信じる一神教の中では、最も古い宗教のひとつで、ユダヤ人が信仰しています。信者のほとんどは、イスラエルと、アメリカなど、世界各国にいるユダヤ人です。

ヒンドゥー教

4世紀ごろに、インドに広まっていた宗教です。信者の数は、キリスト教、イスラム教に次ぎますが、そのほとんどはインドの人々です。

このほかにもたくさんの宗教があるんだよ。

ユダヤ教の聖地、嘆きの壁で祈るユダヤ教徒。
Zvonimir Atletic / Shutterstock.com

ガンジス川で身を清めるヒンドゥー教徒。
AJP / Shutterstock.com

第1章 さまざまな宗教

神道

日本に古くからある宗教です。自然をうやまい、あらゆるものに神が宿るとしています。信仰する人のほとんどは日本人です。

神道の儀式をする神主さん（神職）。

世界の人口が100人だったら…

世界に住む人を100人と考えると、それぞれの宗教の割合は、下のようになります。数の上では、ヒンドゥー教の信者が仏教の信者より多いですが、ヒンドゥー教はほとんどインドだけの宗教なので、世界宗教には入れないのがふつうです。

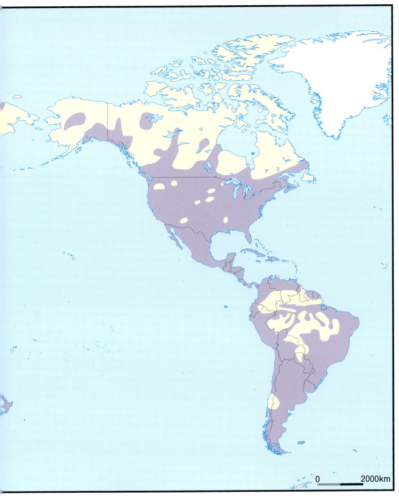

仏教

紀元前6～前5世紀にインドにいたゴータマ・シッダールタ（ブッダ）の教えを信じる宗教です。アジア各地が中心です。

儒教

紀元前6～前5世紀に中国にいた孔子の教えがもとになった宗教です。中国のほか、朝鮮半島や日本にも広まりました。

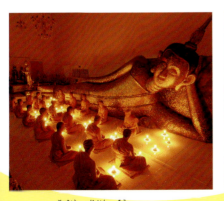

タイの仏教の寺院と僧。
Worachat Sodsri / Shutterstock.com

儒教で孔子をまつる孔子廟。

- キリスト教　33人
- イスラム教　22人
- ヒンドゥー教　14人
- 仏教　7人
- その他・無宗教　24人

1 キリスト教の始まり

キリスト教は、紀元前4年ごろに生まれたイエスが説いた教えが始まりです。イエスが殺された後、弟子たちによって広められ、信者が増えていきました。

愛を説いたイエス

イエスは、紀元前4年ごろ、パレスチナ地方で生まれたとされている。

当時、この地方ではユダヤ教が信じられていた。しかし、ユダヤ教は厳しいおきてを守ることを重要とし、苦しい生活を送る民衆の声を聞こうとしなかった。

神は、厳しいおきてを守ることを求めてはおられない。

イエス

神の愛にこたえ、私たちも神を愛しましょう。

考え方のちがう人をも愛するのです。

国に逆らう者だ！

とらえよ！

イエスは、十字架にかけられ、処刑されてしまった。

しかし、その後弟子たちの前に姿を現したとされる。

復活だ！

奇跡だ！

イエスが復活したと信じた弟子たちが、イエスのことばを人々に広めていった。

第1章 さまざまな宗教

神と隣人を愛しなさい！

イエスは、それまでのユダヤ教に疑問を持ち、神と隣人を愛することを説きました。隣人とは、近所の人ということではなく、考えや習慣のちがう人たちをさします。つまり、どんな人でも、たとえ敵であっても愛しなさいと説いたのです。この教えに従う人が増えました。イエスは、処刑された後、救世主（世の中を救う人）として復活したとされます。ギリシア語で、救世主をキリストと言います。イエス＝キリストという呼び名は、ここから生まれました。

イエスの弟子たちがイエスの教えを広める

イエス（中央）が処刑される前夜、弟子たちととった食事のようすをえがいた「最後の晩餐」。 Renata Sedmakova / Shutterstock, Inc.

イエスには、いっしょにその教えを広めた12人の弟子がいました。イエスが処刑されると、弟子たちは「イエスは、人間の持つ罪を負って処刑され、復活した」と説くようになりました。そして、かれらが、イエスの教えを広めていくことになります。これが、キリスト教の始まりとなったのです。その中で、イエスの教えがまとめられ、キリスト教の教えのもとになりました。

神の愛は、だれにでもあたえられる！

初期のキリスト教を広めた重要な人物のひとりに、パウロがいます。パウロはもともと、熱心なユダヤ教徒で、イエスをにくみ、その信者を取りしまっていました。しかし、復活したイエスに出会ったとされ、考えを変えました。

そして、神の愛を広く伝えるために、地中海沿岸の広い地域を支配していたローマ帝国の各地に出かけていき、キリスト教を広めたのです。

ローマ帝国の国の宗教になる

ローマ帝国の人々は、神はたくさんいて、皇帝も神のひとりと考えていました。いっぽう、キリスト教では、神はただひとりとしているため、皇帝をおがむことをしませんでした。そのため、キリスト教徒たちは、厳しく取りしまられました。

しかし、ローマ帝国内では、次第にキリスト教徒が増え、これを禁じると、国が成り立たなくなるほどになったため、キリスト教が認められるようになりました。そればかりか、ついには、キリスト教以外の宗教が禁止されるまでになったのです。

キリスト教の教え

キリスト教は、唯一絶対で全能（ただひとりで、あらゆることができる）の神を信じる宗教です。キリスト教では神は、3つの形で現れるとされています。

全能の神が世界をつくり、人間をつくった

キリスト教では、神はひとりだけとしています。このような宗教を、一神教と言います。

神は、あらゆる力を持っており（全能）、この世界と、そこに住むすべての生き物をつくり、永遠に生き続ける存在とされます。人間も、神によってつくられたため、この世で起こることは、どんなことであっても、神の考えとして受け入れなければならないと説きます。

この世で起こることはすべて神の考え

キリスト教のもとになる「三位一体説」

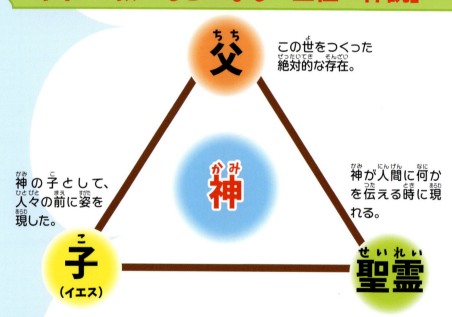

- 父：この世をつくった絶対的な存在。
- 子（イエス）：神の子として、人々の前に姿を現した。
- 聖霊：神が人間に何かを伝える時に現れる。
- 神

キリスト教では、神は唯一の存在ですが、父、イエス、聖霊の、3つの形で現れるとされています。でも、神が3人いるわけではありません。

それを、父である神、子であるイエス、聖霊が一体となっていると説くのです。これを、三位一体説と言います。この説は、381年にコンスタンティノープル（現在のトルコ共和国のイスタンブール）で開かれた公会議（信者の代表者の集会）で確認されたもので、現在までキリスト教の最も基本となる考え方になっています。

イエスは神の子

イエスは、神の子としてこの世に現れ、神の教えを説き、人々を救う救世主の役割をして神の国に帰ったとされます。

イエスは十字架にかけられて処刑された3日後、弟子たちの前に姿を現し、天にのぼっていったとされています。この復活こそが、イエスが神の子であることを示しているとされるのです。

イエスは救世主の役割をして帰っていったとされる

第1章 さまざまな宗教

人間はすべて罪を負っている

イエスが原罪を背負って処刑された

人間は罪深い存在だ。

イエスを信じよう。

神がつくったとされる最初の人間は、アダムとイブという男女でした。2人はエデンの園という楽園にいましたが、食べてはいけないとされていた知恵の実を食べたことで、知恵をつけました。神は、罰として2人をエデンの園から追い出してしまいます。

このできごとのために、キリスト教では、人間は、罪深い存在であると説きます。この罪を、原罪と言います。

そして、人々の原罪を背負って処刑されたイエスを信じることで、人間は罪をゆるされるというのが、キリスト教の信仰なのです。

最後の審判で神の国と地獄へと分けられる!?

キリスト教では、世界の終わりが近づくと、イエスが再び現れ、キリスト教徒を神の国へ導き入れると共に、死者を復活させるとしています。そして、一人ひとりについて、永遠に神の国で幸福に暮らすか、永遠に地獄で苦しむかを決めると言います。これが、最後の審判です。審判というのは、何かの問題について考え、結論を出すことです。

最後の審判がいつなのか、神の国に行くか、地獄に行くかは、人間にはまったくわからないとされます。

最後の審判をえがいた絵画。中央にイエスがいて、審判をしている。

神の国は、平和で幸福が続くとされているよ。

キリスト教の聖典〜聖書

キリスト教の教えが書かれている聖典には、『旧約聖書』と『新約聖書』があります。どちらも、神との契約（取り決め）を表しています。

キリスト教にある2つの聖書

宗教の教えが書かれている本を、聖典や経典と言います。キリスト教の聖典は、ふつう聖書と言います。キリスト教には、『旧約聖書』と『新約聖書』の2つがあります。

『旧約聖書』と『新約聖書』の「約」は、契約や約束の「約」です。聖書は、人間が神と交わした契約（約束）ということになります。

聖書に書かれていることを信じることが、キリスト教を信じることとされています。

聖書は、人間が神と交わした約束

『旧約聖書』と『新約聖書』のちがいは？

『新約聖書』は、新しく結んだ契約

聖書のうち、『旧約聖書』は古い契約、『新約聖書』は新しい契約という意味を持ちます。

イエスの時代より前には、ユダヤ教の聖書がありました。これが『旧約聖書』です。いっぽう、イエスが神の子としてこの世に現れ、新しく結んだ契約が『新約聖書』です。

ユダヤ教の聖書は、キリスト教の『旧約聖書』と同じですが、ユダヤ教は、『新約聖書』を聖典とは認めていません。

イエスは、契約の内容を愛に変えた

『旧約聖書』では、神との契約は、生活のすべてにわたる決まり（律法）でした。イエスは、その内容を、神への愛、隣人への愛に変え、神との契約をし直しました。

人間が神との契約を変えることはとうていできませんが、イエスは神の子であるからこそ、契約を新しく変えることができたとされているのです。

生活の決まりから、愛を大切にするようになった

第1章 さまざまな宗教

『新約聖書』に書かれていることは？

『旧約聖書』には、神が世界をつくったこと、その後のユダヤ人たちの歴史、人間が神と交わした契約などが、ヘブライ語で書かれています。

いっぽう、『新約聖書』には、イエスの教えや行動を弟子たちが伝える内容が、ギリシア語で書かれています。その内容は、大きく下の4つに分けることができます。

『新約聖書』は、1～2世紀に書かれたいくつもの文書を集めて、4世紀の終わりにまとめられました。全部で27巻あります。

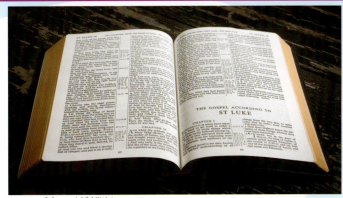

キリスト教の『新約聖書』。

Janece Flippo / Shutterstock.com

福音書

イエスが生まれ、教えを説いたこと、罪を背負って処刑され、その後復活したことなどが書かれています。福音とは、よい知らせという意味で、聞いた人が救われるという意味があります。

歴史

「使徒言行録」に、イエスの弟子であるペトロとパウロが、イエスの教えを人々に伝えたことなどが書かれています。そこには、初期のキリスト教のようすがえがかれています。

手紙

イエスの復活後、布教をしたパウロの手紙が中心です。キリスト教の教えがどのようなものかが書かれています。パウロのほかに、ヤコブ、ペトロ、ヨハネなどの弟子たちの手紙もふくまれます。

預言書

「ヨハネの黙示録」と呼ばれます（ヨハネはイエスの弟子）。世界の終わりのことや、最後の審判で神の国へ行く者と地獄に行く者が分けられることなどが書かれています。預言とは、神から預かったことばという意味です。

キリスト教の儀式と祭り

キリスト教には、いろいろな儀式や祭りがあります。イースター、ペンテコステ、クリスマスが三大祝日と言われ、いくつもの祝祭日があります。

7つの大切な儀式

キリスト教には、カトリック教会、東方正教会、プロテスタントという大きな3つの宗派（教派）があります（→14～15ページ）。キリスト教の儀式は、人間が神の恩恵（恩とめぐみ）を受けるもので、神秘と呼ばれます。神秘は、宗派によって少しずつちがいがあります。カトリック教会と東方正教会には、7つの神秘があり、プロテスタントは、このうち2つを神秘としています。

洗礼

キリスト教の信者になることを示す儀式です。生まれて間もない子どもの額に水をかけ、名前（洗礼名と言う）をつけます。プロテスタントでは、大人になってから行うこともあります。

洗礼のようす。全身を水につける場合もある。　romeovip_md / Shutterstock.com

聖体拝領

聖体拝領の儀式。　wideonet/ Shutterstock.com

イエスの肉と血を表すパンとぶどう酒（またはぶどうジュース）を口にする儀式です。イエスが処刑され、復活したことを思い、罪を背負ったイエスに祈りをささげ、感謝の気持ちを表します。この儀式によって、信者は、教会と強く結ばれます。

堅信 （プロテスタントにはない）

信者が聖体拝領の儀式を行うことを許すことです。キリスト教への信仰心が高まり、信仰のために働くことを明らかにします。

告解 （プロテスタントにはない）

信者が犯した罪を、神父などに話し、神にゆるしを求めます。犯した罪が清められるという意味があります。

婚姻 （プロテスタントにはない）

男女が夫婦になる儀式です。イエスや教会との結びつきを強め、教えを守る人を増やすという意味もあります。

塗油 （プロテスタントにはない）

病気の人や、死者の額に油をぬる儀式です。死ぬ際に行う場合は、死への準備と考えられます。

叙階 （プロテスタントにはない）

神父などになる際の儀式です。カトリック教会では、特別な服装をして、礼拝（祈り）を行います。

第1章 さまざまな宗教

三大祝日を中心とした祝祭日

キリスト教では、イエスや聖人（深い信仰心を持つ、優れた人）に関係する祝祭日があります。

中でも、イースター、ペンテコステ、クリスマスは、三大祝日とされ、どの宗派でも行われています。

クリスマスは、日本でもよく知られているね。

日づけ	名前	内容
1月6日	エピファニー	公現祭とも言う。イエスが現れたことを祝う。もともとは、東方正教会の祭り。
3月25日	受胎告知日	イエスの母マリアが、イエスを授かったことを記念する。
3月後半〜4月中旬	イースター	復活祭。春分後の最初の満月の次の日曜日。イエスの復活を祝う。
イースターの50日後	ペンテコステ	イエスが復活した50日後に、弟子たちの前に聖霊が現れたことを祝う。もともとは収穫を祝う日だった。
8月6日	主の変容	イエスが高い山に登り、弟子たちに白くかがやく姿を見せたことを祝う。
8月15日	聖マリアの日	イエスの母マリアが、天にのぼっていったことを祝う。
11月1日	万聖節	諸聖人の日とも言う。聖人と、信仰のために亡くなった人たちを記念する。
12月25日	クリスマス	イエスの誕生を祝う。冬至（一年で最も昼が短い日）の祭りと結びついたと考えられる。

イースター

イエスの復活を祝う祭りです。特別な礼拝（祈り）の儀式が行われます。家庭では、「誕生」のしるしとして、あざやかな色の卵をつくり、それを探す遊びが行われます。

イースターに行われる礼拝。
A_Lesik / Shutterstock.com

ペンテコステ

イースターの50日後で、聖霊降臨祭とも言います。お祝いのしかたは国によってちがいます。

ハンガリーからルーマニアに来た信者によるペンテコステのお祝い。
salajean / Shutterstock.com

クリスマス

イエスの誕生を祝う日です。ツリーやリースをかざり、ごちそうを食べたり、プレゼントを交かんしたりします。

クリスマスを祝う家族。
wavebreakmedia / Shutterstock.com

クリスマスのかざりつけがされた街と教会（ウィーン）。
trabantos / Shutterstock.com

キリスト教の宗派

キリスト教には、大きく分けて3つの宗派（教派）があります。カトリック教会、東方正教会、プロテスタントです。宗派によって、少しずつ信仰にちがいがあります。

東西に分かれたキリスト教

キリスト教は、初めは厳しい取りしまりを受けましたが、やがてローマ帝国の国教（国が定めた宗教）になりました。

その後、ローマ帝国は、東西に分かれ、キリスト教も、ローマ・カトリック教会と東方正教会に分かれました。

さらに、16世紀ごろに、ローマ・カトリック教会から、プロテスタントが分かれました。

＊東方正教会のことを、ギリシア正教会ということもある。

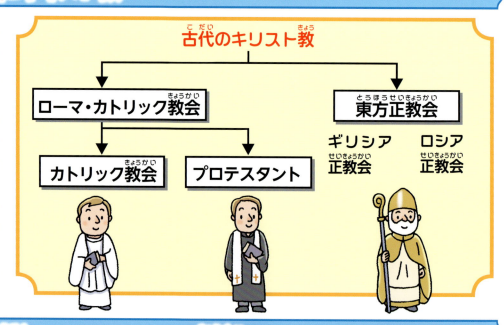

ローマ教皇を頂点とするカトリック教会

カトリック教会は、イタリアのローマにあるローマ教皇庁という組織を中心としています。

その最高指導者がローマ教皇（法王）で、その下に枢機卿（教皇を助ける人）、大司教、司教、司祭、助祭と続く聖職者がいて、信者たちをまとめています。カトリック教会は、ピラミッド形の組織として、世界中にいる約10億人もの信者をまとめています。

カトリック教会の組織

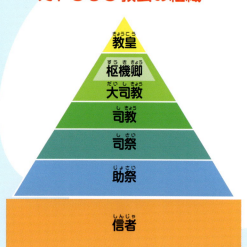

ローマ教皇（法王）と枢機卿。
Philip Chidell / Shutterstock, Inc.

カトリック教会の建物は、重々しいつくりで、都市の広場に建てられた。

Matej Kastelic / Shutterstock.com

古いキリスト教に近い東方正教会

　東方正教会は、東ローマ帝国の首都だったコンスタンティノープル（現在のトルコ共和国のイスタンブール）を中心にしていました。カトリック教会とはちがい、国や民族ごとに組織があります。現在は、ギリシア正教会、ロシア正教会、ブルガリア正教会、セルビア正教会などがあります。東方正教会は、古いキリスト教の教えを残しています。

東方正教会の儀式。
Juriaan Wossink / Shutterstock.com

東方正教会の教会は、ドームがあることが多い。
Paolo Bona / Shutterstock.com

東方正教会では、神や天使などをえがいたイコンという絵を用いる。
Fotokon / Shutterstock.com

たくさんの宗派が独立するプロテスタント

　プロテスタントは、カトリック教会のやり方に反対して、新しく生まれた宗派です。新しい宗派なので、新教とも言われます（その場合、カトリックは旧教と言う）。カトリックのようなピラミッド形の組織はなく、多くの宗派が独立しています。聖書だけを信じて神を信仰するという立場です。神の前ではみな平等なので、カトリックのような聖職者はいません。信者に教えを説明する立場の牧師を中心に信仰をしています。

神の前では、みんな平等

教会でオルガンをひく牧師。
©PIXTA

プロテスタントの教会は、簡素なつくり。
Stuart Monk / Shutterstock.com

2 仏教
仏教の始まり

仏教は、紀元前6〜前5世紀ごろ、インドにいたゴータマ・シッダールタ（ブッダ）がさとりを開いたことがもとになった宗教です。その後、弟子たちに受けつがれ、各地に広まりました。

さとりを開いたゴータマ・シッダールタ

紀元前6世紀の半ば*…北インド（現在のネパール）のシャカ族の王子として、ゴータマ・シッダールタは生まれた。

*ほかの説もある。

生まれてすぐに「この世で私ほどとうとい者はいない」と言ったと伝えられる。

天上天下唯我独尊

まあ。

16歳で結婚、子どもも生まれた。

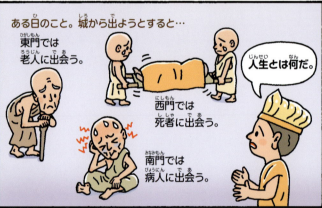

ある日のこと。城から出ようとすると…
東門では老人に出会う。
西門では死者に出会う。
南門では病人に出会う。
人生とは何だ。

北門で、出家した修行者に出会う。
これだ！

妻子を置いて、城を出た。

厳しい修行をしたが、苦しみから気づくことはなかった。
私の求めるものではない。やめよう。

心を静かにし思いを集中し、ついに「さとり」を開く。
この世の真実に気づいたのだ。

その後、45年間にわたって、教えを説き続けた。

80歳で、沙羅双樹という木の下に横たわり、亡くなった。
すべては移り変わる。修行にはげみなさい。

第1章 さまざまな宗教

10人の弟子が教えを広める

ゴータマ・シッダールタは、さとりを開いた人という意味で、ブッダと呼ばれています。

ブッダは、さとりを開いた後、45年間もの間、各地を回って人々にその教えを説きました。

ブッダの多くの弟子のうち、特に優れた10人は、十大弟子と呼ばれ、仏教が始まったころの集団の中心となりました。

ブッダの教えは、口伝えで引きつがれていましたが、数百年後に、文章としてまとめられました。これが、お経（経典）と呼ばれるものです。

ブッダの教えからお経ができる

> ブッダは、わかりやすいことばで、教えを説いたんだ。

アジアに広く伝わる

仏教は、その後、インドに広がり、さらに中央アジアから中国、スリランカから東南アジアにも伝わりました。

日本にも6世紀に、朝鮮半島から伝えられ、古くからあった神道と共に多くの人々が信仰するようになりました。

現在も、アジアの広い範囲に、仏教を信じる人が大勢います。

しかし、仏教が生まれたインドでは、ヒンドゥー教やイスラム教の信者が増え、仏教徒は、少数派になっています。

ブッダの名前はどれが本当？

ブッダというのは、さとりを開いた人という意味で、名前ではありません。

よく、「仏教はお釈迦様が開いた」と言います。ゴータマ・シッダールタが、シャカ族の王国の王子だったので、シャカと呼ばれることもあります。これをうやまった呼び方が「お釈迦様」「釈尊」です。さらに、シャカ族で最もとうとい聖者という意味で、「釈迦牟尼世尊」と表すこともあります。

これらの呼び方は、みな同じ人をさしています。

本名 ゴータマ・シッダールタ

ブッダ＝さとりを開いた人

シャカ族なので お釈迦様

仏教の教え

インドには、生と死をくり返す「輪廻」という考えがありました。仏教は、輪廻からのがれるためにさとりを開くことをめざします。

「輪廻」からのがれるには？

インドの人々は、昔から、あらゆる生き物は、生まれては死に、また生まれるということをくり返すと信じていました。これを輪廻と言います。

例えば、人間に生まれたとしても、行いが悪いと、次に生まれた時は、虫のようなものに生まれ、人々からきらわれることもあると考えられていました。

このくり返しは、苦しみなので、どうにかして輪廻からのがれたい（解脱と言う）というのが、人々の思いでした。それに、ひとつの答えを出したのが、ブッダだったのです。

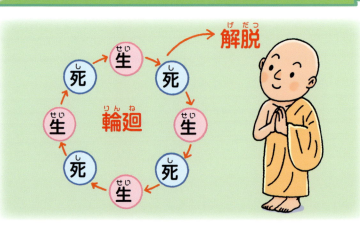

さとりを開くことで「輪廻」からのがれる

ゴータマ・シッダールタ（ブッダ）は、修行の中で、輪廻からのがれるにはどうしたらよいかを考えました。そして、人間の苦しみの原因は欲望にあることを知ったのです。

欲望にしばられた生き方は、心に迷いがあり、いつも不安を感じると考えられます。ブッダは真理（正しいこと）を知ることで、心が迷うことなく、自分をしばりつけているものから解き放たれると説きました。

真理を知ることを「さとり」、欲望から解き放たれることを「解脱」と言います。

仏教の教えを表す4つの考え

ブッダの教えは、次の4つにまとめることができます。仏教の教えの特ちょうとなる大切な考えで、これらをまとめて四法印と呼びます。

❶諸行無常…あらゆるものは移り変わり、少しの間も同じではない。
❷諸法無我…あらゆるものは、自分もふくめて実体（本当に存在するもの）がない。
❸涅槃寂静…さとることができたら、心が静かになり安らぐ。
❹一切皆苦…この世にいる限り、苦しみからのがれることはできない。

諸行無常 あらゆるものは変わっていく。

諸法無我 あらゆるものは実体がない。

涅槃寂静 さとりを得れば、おだやかで安らかになる。

一切皆苦 生きることは苦である。

第1章 さまざまな宗教

さとりを開くための方法は？

仏教ではさとりを開くことが目標とされますが、さとりを開くにはどうすればよいのでしょうか。それは、この世の真実（真理）を知ることです。真理は4つあり、これらを四諦と言います。さとりを開き、解脱した状態を涅槃と言います。涅槃に達するためには、8つの正しい行いをすることが必要とされます。これらを八正道と言います。

四諦 さとりに達するための4つの真理

苦諦 人生は、苦に満ちている。

具体的には… **四苦八苦**
生きること、老いること、病気になること、死ぬこと、愛する人を失うこと、にくい人といっしょにいること、ほしいものが得られないこと、心と体の苦しみ。

集諦 苦の原因は、欲望やぼんのうである。

ぼんのう 心や体をけがすもの。欲望、いかり、おろかさなど。

渇愛 欲望のかげには、楽しみを求める気持ちがある。

滅諦 欲望をなくした状態（涅槃）であれば、苦を乗りこえられる。

八正道 涅槃に達するための正しい方法

正見 ものごとを正しく見る。

正思惟 正しい意志と決意を持つ。

正語 うそや悪口を言わない。

正業 正しい行いをする。

正命 正しい生活をする。

正精進 正しい方向に向かって努力する。

正念 悪い思いを持たず、正しい道をめざす。

正定 正しく精神統一する。

精神統一！

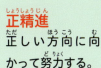

道諦 正しいやり方（八正道）で行動すれば、涅槃に達することができる。

さとり　正しい生き方

正しい生き方をすることに意味がある

仏教では、欲望をコントロールすることで迷いを消し去り、さとりを開くことを目標とします。しかし、これは目的ではありません。さとりを開くことは、正しい生き方をするための手段なのです。
最も大切なのは、人間として正しく生きることとされています。

19

仏教の行事

日本では、一年を通じて、仏教に関係する行事が、いろいろ行われています。ふだんは、あまり気にしていないかもしれませんが、身近で、仏教に関係した行事がいくつもあります。

ブッダの誕生を祝う花祭り

4月8日は、ブッダの誕生日とされています。この日は、そのお祝いとして花祭りの行事が行われます。

花御堂と呼ばれる、花でかざった小さなお堂をつくり、その中に、ブッダが誕生した時の姿を表す誕生仏という像を置きます。花御堂は、ブッダが生まれた花園を表します。

お参りをする人たちは、誕生仏の像に甘茶をかけます。これは、ブッダが生まれた時に、2ひきの竜が空からあまい雨を降らせたという言い伝えがもとになっています。

花祭りの花御堂と誕生仏。　写真／浅草寺

先祖をうやまい、思う彼岸

毎年2回、春と秋に彼岸があります。春分の日と秋分の日を中心とした7日間を、それぞれ春の彼岸、秋の彼岸と言い、春分と秋分の日は彼岸の中日と言います。

彼岸とは、向こう岸という意味で、さとりを開いた先にある世界をさします。

彼岸の時期には、先祖のことを思って墓参りをしたり、お寺に行ってお坊さん（僧）から仏教の教えを聞いたりします。

彼岸には、先祖の墓参りをする。　©PIXTA

亡くなった人をしのぶお盆

お盆は、仏教の大きな行事です。もともとは、旧暦（江戸時代まで使われていたこよみ）の7月15日を中心とした時期に行われていましたが、現在は、8月15日前後に行われることが多くなっています。

この時期は、あの世から亡くなった人の霊が訪ねてくるとされ、その霊をむかえ、また送る行事が行われます。

地域によって、行事の内容にはちがいがありますが、おそなえをしたり、霊のための乗り物をつくったりします。

京都で行われる五山送り火は、霊を送る送り火の風習。　写真／京都五山送り火連合会

霊をむかえる時は、むかえ火をたく。また、野菜で霊が乗るための乗り物をつくる。

豆をまいてわざわいをはらう節分

節分には、鬼のかっこうをした人に向かって、「鬼は外、福は内」と言いながら、豆まきをしますね。節分は、もともと季節の変わり目をさす言い方で、この時期にわざわいをもたらす悪いものが現れると考えられていました。それを鬼に見立て、豆をまいて追いはらうのです。

もともとは、中国の行事が伝わったもので、仏教とは関係ありませんでした。しかし、仏教で言う「ぼんのう（人間をまどわせるもの）」が鬼と結びついて、仏教の行事のひとつとして、お寺でも行われるようになったと考えられています。

節分に、有名人が豆まきをすることもある。　写真／成田山新勝寺

仏教の方法で行われる葬儀と法事

日本では、多くの場合、だれかが亡くなった時の葬儀やその後の法事（法要）は、仏教のやり方で行われています。葬儀ではお経をあげ、亡くなった人が無事にあの世に行けるようにと祈ります。また、戒名（法名）という名前がつけられますが、これはその人が仏様の弟子になったことを表します。

亡くなってからは、決まった期日ごとに法事を行います。これは、亡くなった人が、あの世で幸せに過ごせるよう願うものです。

主な法事（法要）

時期	呼び方
7日目	初七日
この後、7日ごとに行う。	
49日目	七七日忌
満1年	一周忌
満2年	三回忌
満6年	七回忌
満12年	十三回忌
この後、十七回忌、二十三回忌、三十三回忌、三十七回忌、五十回忌と続く。	

四十九日法要とも言う。この日に死者があの世に行くとされる。

亡くなった人の家族たちが集まって行われるね。

仏教国タイの盛大な行事

国民の多くが仏教の信者で、仏教がさかんなタイでは、仏教のお祝いの行事が、国の祝祭日になっています。

5月（または6月）には、ブッダの誕生と、さとりを開いたこと、亡くなったことをまとめて記念するヴィサカブーチャという行事が盛大に行われます。

このほかにも、ブッダが教えを説いたことを祝う行事や、罪を清め、幸福を祈る行事などが国の祝祭日になっています。

タイのヴィサカブーチャの行事のようす。　Alamy／PP3通信社

仏教の宗派

仏教はもともとはブッダの教えを信じ、さとりをめざすものでしたが、ブッダが亡くなって数百年すると、大きく2つに分かれました。ひとつは上座部仏教、もうひとつは大乗仏教です。

上座部仏教と大乗仏教

ブッダの教えを信じた人たちは、ふだんの暮らしからはなれて修行を積むことでさとりを開き、解脱することをめざしました。しかし、そのうちに、修行を積んだ者だけが解脱できるのはおかしい、ブッダは多くの人を救ってくれるはずだと考える人たちが現れました。このような考えの仏教が、大乗仏教です。いっぽう、古くからのブッダの教えを守る立場の仏教を、上座部仏教と呼びます。

同じ仏教でも、宗派によって、ちがう点があるんだよ。

上座部仏教		大乗仏教（日本の宗派は主にこちら）
ブッダは特別なので、ふつうの人は、なれない。この世でさとりを得て人々に尊敬される阿羅漢になることをめざす。自分だけが乗る小さなふねにたとえられる。	めざすもの	この世の真理に気づいたブッダをめざす。この世でもあの世でもかまわない。たくさんの人が乗れる大きな船にたとえられる。
自分自身がさとりを得る。	修行の目的	優れた人になり、多くの人を救う。
ブッダの教えや、信徒たちがつくる組織の規則を守る。	修行の方法	6つのよい行い（人のためになることをする、苦しみにたえることなど）をする。
釈迦如来。これは、ブッダ自身がさとりを得た仏になった姿。	信仰するもの	如来や菩薩。如来は、最高のさとりを得た者。菩薩は、さとりを得ているが、涅槃（さとりを開いた状態）に入らず人々を救う修行者の姿。
ブッダの教えを古い時代にまとめた3つの経典（三蔵）だけを認める。	お経（経典）	三蔵より後につくられた経典（般若経、法華経など）でも、よいものなら認める。

第1章 さまざまな宗教

まじないを取り入れた密教

7世紀後半になると、大乗仏教の一派に、インドのヒンドゥー教の教えを取り入れた密教がさかんになりました。密教は、ヒンドゥー教で行われていたまじないなどを取り入れています。このような方法は、ほかにはもらしてはいけない秘密の方法だとして、密教と呼ばれます。

日本には、9世紀初めに、空海や最澄が中国から持ち帰り、広めました。

密教では、マンダラという絵によって、だれもが仏様の世界に入れるということが示されています。

中心に釈迦如来がえがかれているマンダラ。

©PIXTA

高僧ラマをうやまうチベット仏教

チベット（現在の中国南西部）には、7世紀にインドと中国から仏教が伝わり、チベット仏教として独自の発展をとげました。菩薩が姿を表したとされるラマという高僧をうやまい、宗教と政治の両方の指導者とします。ラマが亡くなると、その生まれ変わりとする赤ん坊を次のラマにします。

チベット仏教の中心だったラサのポタラ宮（現在は博物館）。
dibrova / Shutterstock.com

現在のチベット仏教の指導者、ダライ・ラマ14世。
Anthony Ricci / Shutterstock.com

宗派の分布は…

大乗仏教は、インドから陸の道を通って、中国へ伝わり、全土に広まりました。やがて、朝鮮半島や日本にももたらされました。

いっぽうの上座部仏教は、インドからスリランカを通って東南アジア各地へ伝わりました。しかし、その後ベトナムやインドネシアには、中国から大乗仏教が伝わりました。さらにインドネシアには、イスラム教が伝わり、現在は、国民の多くがイスラム教を信じる国になっています。

チベット仏教は、モンゴルに伝わりました。

現代の仏教

大乗仏教
上座部仏教
チベット仏教

23

3 イスラム教
イスラム教の始まり

イスラム教は、7世紀初めに、アラビア半島のメッカにいたムハンマドが開きました。ムハンマドは預言者として、その生き方が後のイスラム教徒の手本となりました。

神のことばを預かったムハンマド

❶生まれる
ムハンマドは、570年ごろに現在のサウジアラビアのメッカで生まれたと言われます。商人として、商売をしていました。

❷神のことばを預かる
40歳ごろのムハンマドが、メッカ近くの山でめいそうをしていた時に、大天使ジブリール（ガブリエル）から神のことばを伝えられたとされます。

❸迫害を受け、メディナへ
神のことばを広める活動を始めたムハンマドを、メッカの人々が迫害（力でおさえつける）しました。このころ、天馬ブラークに乗って、ひと晩のうちにエルサレムに行き、天にのぼって神に会ったと伝えられます。622年に、メッカでの迫害をさけてメディナへ移ります。

❹ジハードを戦う
メディナで勢力をのばしたムハンマドをたおそうと、メッカの軍隊が攻めてきましたが、ムハンマドの軍は、これを破りました。この戦いをジハード（聖戦）と言います。

❺メッカを支配する
やがて、ムハンマドは軍を率いてメッカに向かい、メッカを支配します。そして、メッカを聖地とします。その後、アラビア半島の多くの部族がイスラム教徒になりました。

❻メッカへの大巡礼
イスラム教によるアラビア半島の統一が進む中、ムハンマドは、聖地メッカへ大巡礼の旅に出ます。現在、イスラム教徒は、一生に一度はメッカを訪れることが望ましいとされます。それはムハンマドの大巡礼にちなんだものです。

❼亡くなる
大巡礼から帰り、62歳で亡くなりました。

天馬ブラークに乗って、天にのぼるムハンマドをえがいた絵。預言者であるムハンマドの顔をえがくことは禁じられているため、白くなっている。

ユニフォトプレス

エルサレムにある岩のドーム。ムハンマドが天にのぼったとされる場所に建てられている。イスラム教の聖地のひとつ（→50ページ）。

Mikhail Markovskiy/ Shutterstock.com

第1章 さまざまな宗教

多神教から一神教へ

　唯一の神を信じる宗教を一神教と言うのに対し、たくさんの神を信じる宗教は多神教と言います。

　6世紀後半、ムハンマドが生まれたころのアラビア半島は、古くから伝えられた神々を信じる多神教が多く、たくさんの神々の像がつくられていました。

　イスラム教は、神やムハンマドなどの姿を絵や像にすることは、かたく禁じています（→27ページ）。そのため、イスラム教が広まると、神々の像はこわされました。

多神教 たくさんの神がいるとする。
一神教 神は唯一で絶対的な存在。

イスラム帝国が広がる

　ムハンマドの教えを受け、イスラム教を信じる人々は、ウンマと呼ばれる集まりをつくり、急速に力をつけていきました。

　ムハンマドの時代に、イスラム教の勢力は、アラビア半島を支配し、ムハンマドが亡くなった後も、信者を増やし、領土を広げていきました。そこでは、イスラム教の教えに従って政治が行われ、イスラム帝国と呼ばれるようになります。

　8世紀には、首都バグダード（現在のイラクにある）を中心に、広い範囲に広がりました。

イスラム帝国の領土の広がり
- 632年（ムハンマドの死）までの領土
- 661～715年に広がった領土
- 760年ごろの領土

スンナ派とシーア派に分かれる

現在のイスラム教の宗派
スンナ派／シーア派

　イスラム帝国は、ムハンマドの死後、カリフと呼ばれる指導者が治めていました。

　その後、指導者の後つぎをめぐる対立から、シーア派と呼ばれる人たちが分かれました。残った人たちは、スンナ派と呼ばれます。

　現在もシーア派は全体の15％程度の少数派で、約85％はスンナ派がしめています。

イスラム教の教え

イスラム教では、アッラー（神）のことばに従って暮らすことが大切であるとされます。信じなければならないこと、しなければならないことが決められています。

唯一の神がすべてを教える

イスラム教は、唯一の神を信じます。イスラム教の神はアッラーと呼ばれますが、これはアラビア語で「神」を意味することばで、アッラーという名前の神ではありません。

この世をつくったのはアッラーで、アッラーは、どんなことでもできる能力があるとされます。

ムハンマドは、アッラーのことばを聞き、人々に伝えました。ムハンマドの死後、アッラーのことばをまとめたものが、『クルアーン（コーラン）』です。

イスラム教徒は、『クルアーン』に書かれていることに従って暮らします。

Link Art / Shutterstock.com

『クルアーン』とは、声に出して読むものという意味だよ。

『クルアーン』
イスラム教で、アッラーのことばを書いた書物。啓典とも言う。アラビア語で書かれ、ほかのことばに翻訳することは認められていない。翻訳されたものは、『クルアーン』を解説したものとみなされる。神のことばなので、少しでも変えてはならない。また、『クルアーン』は声に出して読むものとされている。

あらゆることを決めるシャリーア（イスラム法）

イスラム教では、国の政治も人々の生活も、イスラム教の教えによって定められています。その決まりをシャリーア（正道）と言います。

日本などでは、法律は政治家などがつくりますが、イスラム教の世界では、法律も、神のことばである『クルアーン』がもとになります。『クルアーン』に書かれていないことは、ムハンマドの行いをもとに決め、さらに、ウンマ（共同体）が認めたものや、法学者たちの考えでおぎないます。

シャリーアは、5種類に分かれます。

シャリーアの成り立ち

1	クルアーン	神のことば
2	スンナ	ムハンマドの行い
3	イジュマー	ウンマ（共同体）の考え
4	キヤース	法学者の考え

5つのシャリーア

義務行為
義務として、必ずしなければならないこと。礼拝（祈り）、決まった期間の断食など。

推奨行為
できるだけしたほうがよいこと。結婚や、貧しい人にお金をあげることなど。

許容行為
してもかまわないこと。飲食や商売など。

忌避行為
できればしないほうがよいこと。離婚など。

禁止行為
絶対にしてはいけないこと。ぬすみ、お酒を飲むこと、お金を貸して利息をとることなど。

食べてよいものにつくマーク

シャリーア（正道）に合うものやことは、ハラールと呼ばれます。その中には、食べることが禁止（ハラーム）されているものの決まりもあります。ブタ肉は絶対にだめで、そのほかの肉も神の名前を唱えながら処理されたものでなければなりません。正しく処理された食品には、それを証明するマーク（右）がつけられます。

写真／NPO法人 日本アジアハラール協会

第1章 さまざまな宗教

信じなければならない6つのこと（六信）

イスラム教徒には、必ず信じなければならない6つのことが決められています。これらを六信と言います。
イスラム教徒として正しく生きるためには、六信を大切にすることが欠かせません。

神
アッラーは絶対であり、神からあたえられたものを受け、感謝しなければならないとされる。

天使
アッラーの命令を預言者に伝える役目をする。アッラーによって光からつくられたとされる。

啓典
神のことばが書かれた書物。最高の啓典が『クルアーン』。キリスト教の『旧約聖書』『新約聖書』も啓典とされる。

預言者
神のことばを預かる人。キリスト教のイエスも預言者のひとりで、ムハンマドが最後の預言者とされる。

来世
この世に最後の日が訪れ、アッラーが最後の審判をして、天国に行く者と地獄に行く者が決まる。

予定
この世や人間に関するできごとは、アッラーの意志で起こるもので、もともと決まっているとされる。

しなければならない5つのこと（五行）

イスラム教への正しい信仰を持つ者は、5つのことをしなければならないとされています。これらを五行と言います。信じるだけではだめで、行動をしなければならないとされているのです。

信仰告白
「アッラーのほかに神はなく、ムハンマドはアッラーの使徒である」とかたく信じ、このことばを唱える。ほかの宗教からイスラム教に変わる時も、このことばを唱える。

礼拝
1日に5回、メッカの方角を向いて祈る。できればモスク（礼拝のためのお堂）に行って祈り、行けない場合は、いる場所で体を清めて祈る。

断食
イスラム暦の第9月（→29ページ）に断食をする。日の出から日の入りまで、飲食をしない。つばを飲むことをやめる人もいる。食べ物と、それがあたえられることへの感謝の意味を持つ。

喜捨
貧しい人や、めぐまれない女性や子どもたちにお金を分ける。毎年の終わりに、収入や貯金の量によって額を決める。税金のようなものだが、最近は、自由に金額を決められることもある。

巡礼
イスラム暦の第12月（→29ページ）にメッカのカーバ神殿を訪れる。イスラム教徒は、一生に一度は巡礼をすることが望ましいとされる。

アッラーの姿をえがいてはいけないの？

キリスト教や仏教では、神やイエス、仏様の絵や像をおがむことがあります。このように、絵や像をおがむことを、偶像崇拝と言います。

しかし、イスラム教では、偶像崇拝をかたく禁じています。アッラーは、目に見えないとされているので、その姿を絵や像にしておがむことは、アッラーでないものをおがんでいることになるのです。

アッラーだけでなく、天使やムハンマドの姿をえがくことも禁じられています。

ムハンマドは、メッカで多神教の神々の偶像をこわした。ムハンマドの姿は、かくされている。

Bridgeman Images / PPS通信社

イスラム教の儀礼と行事

イスラム教では、生まれてから死ぬまでにしなければならないことが決められています。また、さまざまな行事が、イスラムのこよみに従って行われます。

一生の間にあるイスラム教の儀礼

イスラム教では『クルアーン』に書かれていることなどに基づき、人が一生の決まった時期にすべきことが決まっています。このような決まりを、通過儀礼と言います。

誕生

生後7日目

命名式: 子どもが生まれると、なるべく早く、右耳から、礼拝にさそうことばで呼びかける。7日目に子どもに名前をつけ、羊肉の料理をつくって、近所の人たちに食べてもらう。

割礼（男子）: 男の子の成長を祝う儀礼として行われる。7歳くらいで行われることが多い。

12歳くらい

成人: 何歳から大人になるという決まりはなく、身体が成長したら大人と見られる。

20歳くらい

結婚: 結婚は、したほうがよいこととされている。イスラム教徒の結婚は、アッラーと人の前で、男女が契約をすることと考えられている。

巡礼: イスラム教徒にとって、メッカへの巡礼は、しなければならない5つのことのひとつ。一生に一度は行くのが望ましいとされている。

死

葬儀: 死は、あの世への出発であり、家族ともしばらくの間別れるだけと考えるので、簡単に行う。この世の終わりに、死者が復活するとされるので、火葬ではなく土葬にする。

命名式のようす。 antoni halim / Shutterstock.com

イスラム教徒の結婚。 ZouZou / Shutterstock.com

> 結婚はイスラム教徒を増やすことにつながるので、すすめられているよ。

イスラム教の葬儀。質素に行われる。 Sadik Gulec / Shutterstock.com

イスラム教徒の墓。死者は土にうめられ、質素な墓石が立てられる。 Aisyaqilumaranas / Shutterstock.com

第1章 さまざまな宗教

イスラム教のさまざまな行事

イスラム教では、月の動きをもとにする、ヒジュラというこよみが使われます。ヒジュラ暦では、1年は354日か355日なので、毎年季節がずれていきます。現在は、ふだんは私たちと同じ西暦が使われますが、イスラム教の行事はヒジュラ暦に従って行われます。

	名前	主な行事
第1月	ムハッラム	アーシュラー（断食日） フサイン殉教祭　フサインという指導者の死を悲しむ
第2月	サファル	
第3月	ラビーウ・アルアウワル	マリウド・アンナビー（ムハンマド聖誕祭）ムハンマドが生まれたことを祝う
第4月	ラビーウ・アッサニー	
第5月	シュマーダー・アルウーラー	
第6月	シュマーダー・アルアーヒラ	
第7月	ラジャブ	イスラー・ワ・ミーラージュ（天上飛行の夜）ムハンマドが天にのぼり、アッラーに会ったことをたたえる
第8月	シャアバーン	
第9月	ラマダーン	サウム（断食→27ページ）
第10月	シャウワール	イード・アルフィトル（断食明け祭）断食が終わったことを祝う
第11月	ズー・アルカアダ	
第12月	ズー・アルヒッジャ	ハッジュ（巡礼） イード・アルアドハー（犠牲祭）アッラーにそなえ物をする

フサイン殉教祭。フサインという指導者が死んだことをいたむ詩を読んだり、劇をしたりする。

jan kranendonk / Shutterstock.com

マリウド・アンナビーのようす。

khazari / Shutterstock.com

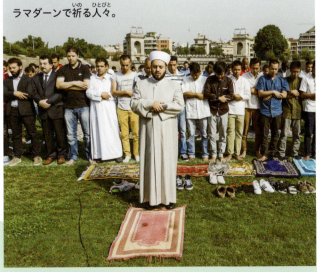

ラマダーンで祈る人々。

Tinxi / Shutterstock.com

イード・アルアドハー（犠牲祭）。羊などをアッラーにそなえてささげる。

ChameleonsEye / Shutterstock.com

4 その他の宗教　①神道

神道の始まり

神道は、日本で古くから信仰されてきた宗教です。いつごろ、どのように生まれたかは、まったくわかりません。だれかが始めたというわけではなく、各地で生まれたものと考えられます。

自然をおそれ、大切に思う気持ちが始まり

1万年以上前、日本には、けものや魚をつかまえたり、木の実などをとったりして暮らす人々が住んでいました。このような生活は、天候や災害などに左右されやすく、人々は、自然をおそれ、うやまう気持ちを持ったのです。いっぽうで、自然のめぐみを願い、感謝するまじないが行われました。そして、山や岩、滝など、自然のいたる所に神様が宿っているとしました。

このような考えが、神道のもとになっています。

奈良県の大神神社は、三輪山を神様の山としてまつっている。　©PIXTA

大きな岩は、神聖なものとして大切にされることがある。　©PIXTA

和歌山県の那智滝は、飛瀧神社のご神体（神様が宿っているとされるもの）とされている。　©PIXTA

第1章 さまざまな宗教

自然のめぐみにお礼をする儀式が行われる

約2500年前に、農作が行われるようになると、作物をあたえてくれる自然にお礼をする儀式が行われるようになりました。また、悪天候や災害は神様がおこっているせいだと考え、神様をうやまっていかりをしずめるための儀式が行われました。

作物が実ったことを祝い、神様に感謝する儀式は、祭りとして根づき、現在まで続いています。

一族ごとに氏神様という神様がいた

米づくりなどの農作は、ひとりではできず、何人もが力を合わせなければなりません。そのため、血のつながりのある親類同士が近くに暮らし、結束するようになりました。このような集まりは、一族や氏族と呼ばれます。

そして、一族ごとに、自分たちを守ってくれる神様をつくり、神様の物語（神話）を持っていたと考えられます。一族を守ってくれる神様を、氏神様（鎮守様、産土様）と呼び、一族は、氏神様の子どもという意味で、氏子と呼ばれます。

国がまとまると共に神様もまとめられた

あちこちにたくさんあった集落は、だんだんまとまっていき、国ができました。その中で、大きなまとまりだったのは、近畿地方を中心としたヤマト政権でした。

ヤマト政権は、4～5世紀に支配地を広げていきました。ヤマト政権の中心にいたのは、大王と呼ばれる人で、現在の天皇家の先祖だと考えられています。

ヤマト政権が大きくなるにつれて、地方の神様たちの話は、ヤマト政権の神話にまとめられていきました。8世紀に『古事記』や『日本書紀』という書物が書かれ、日本の神話になりました。

神道の教え

神道は、日本独特の宗教です。その教えは、『古事記』や『日本書紀』という書物にまとめられた神話や、各地で伝えられてきた神話をもとにしています。

「和」を重んじた行動をする

最も基本となる教えは、人と人との和を大切にすることです。みんな仲良くしましょうという考えで、争いを起こさないように努力することが重んじられます。

このような考え方は、他人を思いやること、家族との関係を大切にすることにつながります。農業が中心だったころに、一族や地域の人々が協力して農作をするためには、大切な考え方だったのかもしれません。

しかし、いっぽうでは、個人の考えを言いにくいという面もあります。

神様から力を得る

神様をうやまってご利益を得る

神道では、あらゆる所に神様が宿ると考えます。そこで、日本の神様は「八百万の神」と呼ばれます。これは、とてもたくさんの神様という意味です。

人間は、神様をうやまうことで、神様の力をいただくことができるとされます。お正月にもちを食べるのは、神様の力が宿ったもちを体に入れて神様の力をもらうという意味があります。神社でさいせんをあげたり、絵馬をおさめたりするのも、神様におそなえをして、試験に受かるなどのご利益をもらおうとしているのです。

神様は人間に似ている!?

神話に登場する日本の神様は、人間と似た姿で、人間と同じような行動をします。ものを食べたり、お酒を飲んだり、結婚して子どもを生んだりします。時には失敗することもあります。

キリスト教やイスラム教では、神は唯一で、どんなことでもできる力を持っているとされ、神道の神様とはまったくちがいます。

神道では、神様は人間に近く、親しみの持てる存在とされていると言えます。

第1章 さまざまな宗教

「けがれ」を清めるための「みそぎ」

　神道では、死に接したり、けがなどで血を流したりすると、けがれた状態になると考えます。「けがれ」は、よごれのようなものです。よごれは、ふき取ったりすればなくなりますが、けがれを取り除くには、「清め」ということをしなければなりません。けがれを取り、清めることを「みそぎ」と言います。みそぎは、体を水で洗うことで行われます。悪いことが起こった時、それを忘れることを「水に流す」と言いますが、これもみそぎと同じ考えです。また、神社でお参りする前には、水で清めます。

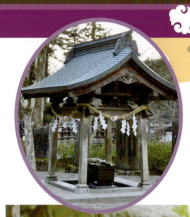

海に入って行うみそぎ。心をきたえるために行われることもある。　写真／Wa☆Daフォトギャラリー

神社には、手や口を清めるための手水舎がある。　©PIXTA

ことばに不思議な力が宿る

　神道では、口に出したことばには不思議な力があると考えます。この力を、言霊と言います。
　よいことを口にするとよいことが起こり、悪いことを口にすると悪いことが起こるという考えです。
　現在も、結婚式で「こわれる」「破れる」などと言ってはいけないとされます。これも、言霊の考え方によるものです。受験生に「落ちる」「すべる」と言うと、「そんな縁起でもないことを言うな」としかられるのも同じです。

修験道ってなあに？

　日本には古くから、山を不思議な力を持つ、とうといものと考え、その中で修行をして、その力を身につけようとする人々がいます。
　これは、もともとは神道の考え方でしたが、後に仏教などの考え方とも結びつき、修験道と呼ばれる宗教が生まれました。修行によってまじないなどの力を身につけた人は、修験者や山伏と呼ばれます。

山中で修行をする山伏たち。　写真／バンリ

日本には、いくつかの宗教が混じったものが見られるよ。

神道の儀式と行事

神社は、人間と神様が交流するための場所と考えられます。神様に来てもらうための場所として建てられており、儀式が行われます。また、神道に基づく行事がいろいろ行われています。

神社のしくみ

神社の建物のうち、最も大切なのが本殿です。本殿には、ご神体（鏡など、神様が宿るとされるもの）が置かれています。神社にお参りする人は、ふつう本殿に入ることはできず、拝殿という建物で神様への願いごとをします。神社の入り口にある鳥居は、人間の世界と神様がいる場所を分けるしるしです。

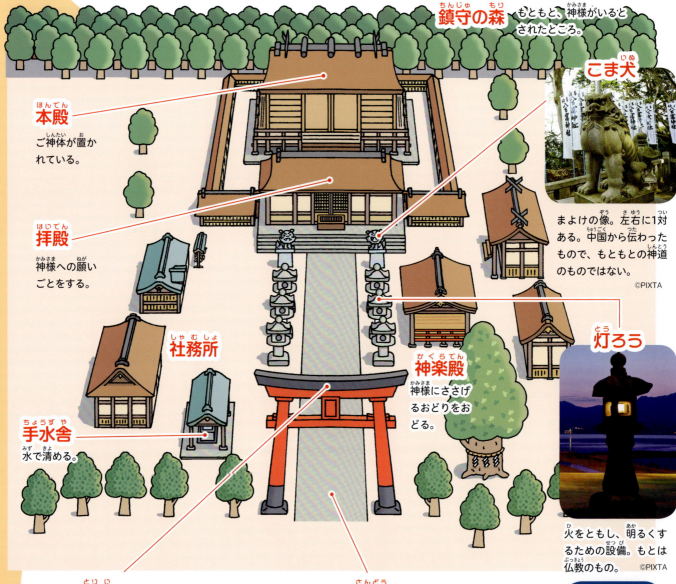

鎮守の森 もともと、神様がいるとされたところ。

本殿 ご神体が置かれている。

拝殿 神様への願いごとをする。

社務所

神楽殿 神様にささげるおどりをおどる。

手水舎 水で清める。

こま犬 まよけの像。左右に1対ある。中国から伝わったもので、もともとの神道のものではない。©PIXTA

灯ろう 火をともし、明るくするための設備。もとは仏教のもの。©PIXTA

鳥居 神様がいる場所を示す目印となる。©PIXTA

参道 鳥居から拝殿に向かってのびる。中央は神様の通り道なので、お参りする人ははしを通る。©PIXTA

神社に行った時に見てごらん。

第1章 さまざまな宗教

神道の主な行事

神道の神様は、人間の願いをかなえてくれることがある反面、おこらせると、わざわいが降りかかるとされます。神道の行事は、わざわいが起こらないように、神様をおもてなしする祭りとして行われることも多いのです。

	名前	内容
1月	歳旦祭	過去に感謝し、1年間無事に過ごすことと幸せを祈る。
2月	祈年祭	作物がたくさんとれることを願う。
3月	春分の日	国が平和であることを祈る。
4月		
5月		
6月	夏越の大はらえ	病気にかからないように願う。茅という植物の輪をくぐるなどの行事。
7月		
8月		
9月	秋分の日	国がおだやかで無事であることを祈る。
10月		
11月	新嘗祭	実りに感謝し、神様に新しい稲のほをさし上げる。
12月	年越しの大はらえ 除夜祭	古い年のけがれをはらい、新しい年の幸福を祈る。

歳旦祭。これから始まる1年の幸せを祈る。　写真／白山比咩神社

祈年祭。豊作になることを願う。　写真／白山比咩神社

新嘗祭。作物がとれたことに感謝する。写真／白山比咩神社

大しめなわ張りかえの行事。年末に行われる。　写真／白山比咩神社

夏越の大はらえで行われる茅の輪くぐり。　写真／白山比咩神社

身近にもある神道の行事

神道の祭りは、身近なところでも行われています。赤ちゃんが生まれてしばらくすると、お宮参りをします。これは、氏神様に新しい氏子をしょうかいするという意味があります。

また、七五三は、氏神様に子どもの成長を願い、感謝する行事です。ほかにも、家を建てる時の上棟式、工事をする時の地鎮祭などがあります。

地鎮祭。工事を始める前に、神様に報告する儀式。　©PIXTA

第1章 さまざまな宗教

イスラエル王国ができ、2つに分かれる

　ヘブライ人（イスラエル人）たちは、紀元前1000年ごろに、パレスチナにイスラエル王国を建国します。イスラエル王国は、ソロモン王の下で栄えますが、紀元前930年ごろに、北のイスラエル王国と南のユダ王国に分裂します。

　その後、イスラエル王国は紀元前722年にほろびます。ユダ王国は紀元前586年にバビロニアに征服され、人々は都のバビロンに連れ去られます。ユダヤ人と呼ばれるようになったヘブライ人は、やがてパレスチナにもどりますが、1世紀にローマ帝国に敗れ、各地に散り散りになってしまいます。

ユダヤ人が各地に散り散りになる

ヨーロッパでのユダヤ人の歴史

たくさんのユダヤ人が殺される

　ユダヤ人たちは、国を失っても、ユダヤ教を信じて、いつの日か自分たちの国をつくることを願いました。

　かれらの多くはヨーロッパ各地で暮らしていましたが、その土地の人々にとけこまず、ひどい差別を受けていました。

　住む地域をせばめられ、ゲットーという高いかべで囲んだ地区に住まわされることもありました。また、20世紀になって、第二次世界大戦が起こった時には、ヒトラーが率いるドイツによって、多くのユダヤ人が命をうばわれました。

約1900年ぶりにパレスチナに建国

　19世紀の終わりごろから、ユダヤ人たちが自分たちの国を持とうとする運動が高まりました。そして、第二次世界大戦が終わって間もない1948年、かつてイスラエル王国があったパレスチナの地に、イスラエルが建国されました。

　ユダヤ人が自分たちの国を失ってから約1900年がたっていました。しかし、パレスチナには、すでにアラブの人々が暮らしていました。イスラエルの建国は、これらの人々を追い出すことになり、周りのアラブの国々との対立を生みました。これが、現在まで続く長い紛争のきっかけになったのです。

イスラエルとアラブ諸国の争いの始まりに

37

ユダヤ教の教え

ユダヤ教は、唯一の神ヤハウェを信じる一神教です。そして、神との契約を守り続けます。ユダヤ教の決まりである戒律は、法律から日常生活のすべてに関係します。

ユダヤ教の2つの聖典

ユダヤ教には、たくさんの戒律があります。戒律とは、信者がしなければならないこと、してはならないことの規則です。戒律は、『ヘブライ語聖書』（キリスト教の『旧約聖書』に当たる）の中の『律法（トーラー）』という聖典に書かれています。ユダヤ教には、もうひとつ、『タルムード』という聖典があります。この2つが、ユダヤ人の生活を決めています。

Polyanska Lyubov / Shutterstock.com

ヘブライ語聖書

律法（モーセ五書）
- 創世記
- 出エジプト記
- レビ記
- 民数記
- 申命記

『律法（トーラー）』

預言書（ネビイーム）

諸書（ケスビーム）

タルムード
日常生活での心がまえや、生きる知恵などをまとめたもの。

十戒
モーセが神から授けられた契約。最も基本的な戒律（規則）。

1. 私のほかの神を信じてはならない
2. 像をつくり、おがんではならない
3. 神の名前をみだりに唱えてはならない
4. 6日働き、7日目に祈りのために休むこと
5. 両親と祖先をうやまいなさい
6. 殺してはならない
7. みだらなことをしてはならない
8. ぬすんではならない
9. うその証言をしてはならない
10. 他人のものをほしがってはならない

十戒を授かったモーセ。　artmig / Shutterstock.com

日常生活と関係するユダヤ教

ユダヤ教の教えは、ユダヤ人のふだんの生活に取り入れる必要があるとされます。それが、神との契約をはたすことであり、神がユダヤ人を救ってくれると信じるからです。

結婚して子どもを持つことは、とてもよいことだとされます。家族は神のめぐみだからです。また、食べてはいけないものを細かく決めています。例えば、ブタ肉、貝などで、さらに、肉と乳製品をいっしょに食べてはいけないといった決まりもあります。

ユダヤ教の教えに従う生活

結婚／ブタ肉／乳製品＋肉

38

シナゴーグとラビ

ユダヤ教の教会堂は、シナゴーグと呼ばれます。シナゴーグでは、礼拝（祈り）や集会が行われます。昔、ユダヤ人が各地に散り散りになっていたころ、シナゴーグは、学校の役割もはたしていました。

シナゴーグには、ユダヤ教の指導者であるラビがいます。ラビは、「律法（トーラー）」を学び、生活にどう取り入れるかを教えてくれます。また、シナゴーグで、儀式を行うこともあります。

ユダヤ人が住む所には、必ずシナゴーグがある。
eFesenko / Shutterstock.com

Oleg Zaslavsky / Shutterstock.com
黒ずくめの服装は、ユダヤ人の正式な衣装。

シナゴーグの内部。
Frog Dares / Shutterstock.com

天地の初めから始まるこよみ

ユダヤ教では、神が天地をつくったとされる年を紀元1年とするこよみ（ユダヤ暦）を使っています。ユダヤ暦では、西暦2017年を5778年としています。

新年は、ローシュ・ハシャナと呼ばれます。新年には、ざくろやりんごを食べる習慣があります。

新年の食べ物。魚料理、りんご、ざくろなど。
alefbeti / Shutterstock.com

ユダヤ暦の新年は、西暦の9月なんだ。

安息日の過ごし方

ユダヤ教の聖書には、「神は、6日の間に天地と人間たち生き物をつくり、7日目に休まれた」と書かれています。そのため、ユダヤ教では、7日目を安息日として、大切に考えます。

安息日にしてはならないことは、39種類も決められています。例えば、自動車を運転すること、ひもの結び目をつくること、電気製品を使うこと、大工仕事をすること、文字を2つ以上書くことなどです。

安息日には火も使えないので、料理や買い物、そうじなどは先にすませておきます。

安息日にしてはいけないこと

自動車の運転
電気製品の使用

ひもの結び目をつくる

大工仕事

③ ヒンドゥー教
ヒンドゥー教の始まり

ヒンドゥー教は、バラモン教がもとになり、いろいろな宗教が混ざってできた宗教ですが、だれがどのように始めたかはわかっていません。インドでは、最も多くの人が信仰している宗教です。

アーリヤ人が信仰したバラモン教

インドには、紀元前1500年ごろから、アーリヤ人という人々が、移り住むようになりました。もともとインドにいた人々は、アーリヤ人に支配されました。アーリヤ人たちは、太陽や風、かみなりなどの自然と自然現象を神と考えてうやまう、バラモン教という宗教を信じていました。

バラモン教の聖典（教えがまとめられている本）は、『ヴェーダ』と言います。『ヴェーダ』はいくつもあり、神々をほめる歌を集めたものです。『ヴェーダ』を歌って神をほめ、儀式を行う人たちは、バラモンと呼ばれます。バラモンたちは、インドでの最高の身分とされました。

自然や風、かみなりなどを神と考える。
アーリヤ人
支配する。
もともといた人たち

バラモン教の考え方は…

バラモン教では、生き物は生と死をくり返すとされます。これを輪廻と言います。生きている間の行いがよいか悪いかによって、次の生まれ変わりがよいか悪いかが決まると考えます。

いっぽう、宇宙の根本的な原理をブラフマン、一人ひとりの人間の中心にあるものをアートマンとしますが、ブラフマンとアートマンは、同じものだと考えられています。これを知った者は、輪廻からのがれることができるとされます。この考えは、後のヒンドゥー教にも引きつがれました。

ブラフマンは、後に、神と同じものと考えられ、ブラフマーという神としてえがかれました。ブラフマーは4つの顔を持つとされます。

ブラフマーの像。宇宙の根本原理のブラフマンを神として表したもの。

ブラフマン	アートマン
宇宙の根本的な原理	人間の中心にあるもの

同じものと考える

photonewman / Shutterstock.com

第1章 さまざまな宗教

4つの階級制度ができる

アーリヤ人が、以前からインドに住んでいた人々を支配する中で、人は4つの身分に分かれるとする制度が生まれました。儀式を行い、神と交流するバラモンは、最も高い身分です。

このような身分制度は、カースト制度と呼ばれ、長くインドに受けつがれていくことになりました。

カースト制度による身分は、生きているうちには変えることはできず、生まれ変わった次の生でしか変えられないとされます。

このような考えをバラモン教は認めていましたが、仏教は反対しました。

- バラモン＝司祭 — 最高の身分であるとする
- クシャトリア＝王族・武士
- ヴァイシャ＝平民
- シュードラ＝どれい
- アチュート（ハリジャン）＝上の4つの身分に入らない人

バラモン教からヒンドゥー教へ

紀元前6～前5世紀には、バラモンを否定する宗教が生まれました。それが、仏教やジャイナ教です。インドでは、一時、仏教やジャイナ教がさかんになって、バラモン教は勢力を失いました。しかし、長い間に仏教やジャイナ教はおとろえ、一部の地域で伝えられるだけになってしまいます。

いっぽうで、バラモン教は、仏教やジャイナ教のよいところを取り入れ、また、古くからインドの人々の間にあった信仰も取り入れて、新しい宗教としてよみがえります。それが、ヒンドゥー教です。ヒンドゥー教はその後、インド全体に広がり、インドでは国民の大部分が信じる宗教になりました。

バラモン教 — バラモンが最高身分とする。

← 取り入れる **民間信仰** — 古くから人々に根づいていた宗教。

← 取り入れる **仏教** — 人間は平等と説く。

← 取り入れる **ジャイナ教** — バラモンが最高身分であることを否定する。

↓

ヒンドゥー教 — 民間信仰、仏教、ジャイナ教のよいところを取り入れて発展した。

> いろいろな信仰と宗教が混じり合ってヒンドゥー教ができたよ。

ヒンドゥー教を信じる人々。聖なる川、ガンジスでけがれを洗い清める。
Travel Stock / Shutterstock.com

41

ヒンドゥー教の教えと行事

ヒンドゥー教では、たくさんの神々がいると考えます。生と死はくり返され、そのくり返しからのがれることをめざしています。

ヒンドゥー教の三大神

ヒンドゥー教には、たくさんの神がいます。そして、どの神を信仰するかは自由です。

神々の中で最も人気のあるのが、ヴィシュヌとシヴァです。これに、宇宙の根本原理であるブラフマンを神としたブラフマーを加えて、三大神と呼びます。

ブラフマーは、宇宙をつくり、ヴィシュヌは宇宙を保ち、シヴァは宇宙をこわす神とされます。ヴィシュヌとシヴァを信仰する信者が多く、ヴィシュヌ派とシヴァ派があります。

つくり出す神 ブラフマー
宇宙の根本的な原理、ブラフマンを神として表した。宇宙をつくったとされる。4つの顔が4つの方向を向いている。

Naruden Boonareesirichai / Shutterstock.com

どの神様を信仰するかは、信者の自由なんだよ。

保つ神 ヴィシュヌ
宇宙を保ち、宇宙が危機になった時に現れて救ってくれるとされる。おだやかで情け深い。

Dmitri Mikitenko / Shutterstock.com

こわす神 シヴァ
破壊や恐怖の面を持つが、めぐみをあたえる面も持つ。手が4本あり、三つまたのやりを持つ。動物の毛皮を着けている。

paul prescott / Shutterstock.com

生と死のくり返しからのがれることをめざす

ヒンドゥー教では、生き物は、死んだら終わりではなく、また生まれ変わるとされます。これが無限にくり返されることを輪廻（サンサーラ）と言います。

ヒンドゥー教では、この輪廻からのがれることを目標とします。輪廻からのがれることを、解脱（モークシャ）と言います。

このような考え方は、多くのインド人の生と死のとらえ方であり、バラモン教や仏教の教えのえいきょうを強く受けています。

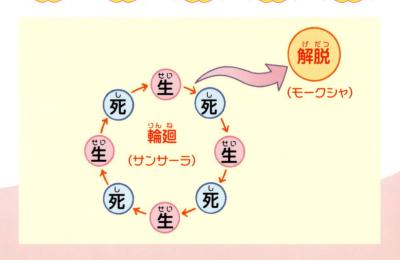

第1章 さまざまな宗教

ダルマ（法）に沿った行動でよい生まれ変わりができる

今生きている世界（現世）で、よい行いをすれば、次に生まれ変わる世界では、カーストの上の身分になれるなど、よい生を受けられるとされます。人の行いは業（カルマ）と呼ばれ、よい業を積むことで、よい生まれ変わりができるとするのです。よい行いについての決まりがダルマ（法）です。

ヒンドゥー教では、命をうばったり、暴力をふるったりするのはいけないこととされます。これもダルマのひとつです。また、牛は神聖な生き物なので、その肉を食べない習慣もあります。さらに、動物の肉を食べることは命をうばうことなので、肉類をいっさい食べない人も大勢います。

暴力はだめ！
牛は神聖な動物

神をおがみ、祭りをする

ヒンドゥー教では、たくさんの神々の像がつくられています。信者はふだん、神の像に食べ物などのそなえ物をしておがみます。これをプージャーと言います。たくさんの灯明をあげて祝うディーワーリーや、春の訪れを祝うホーリー祭など、一年を通じてたくさんの祭りがあります。ヒンドゥー教の寺院は、たくさんの神々の像がほられていることが特ちょうです。

ヒンドゥー教の寺院。外側にたくさんの神々の像がほられている。
18042011 / Shutterstock.com

ヒンドゥー教の祭りのひとつ、ホーリー祭。春が来たことを祝い、色の粉をぬり合うなどして祝う。
AJP / Shutterstock.com

日本にもいるヒンドゥー教の神

ヒンドゥー教は、あまり身近に思えないかもしれませんが、日本にもヒンドゥー教の神が伝えられています。
大黒様として親しまれている大黒天は、シヴァが仏教に取り入れられて伝わったものです。このほか、弁才天（弁天様）、吉祥天という女神も、もとはヒンドゥー教の神です。

大黒天

©PIXTA

弁才天

©PIXTA

43

第2章 宗教のつながり
宗教をめぐる問題

宗教をめぐっては、さまざまな問題があります。それらが、国と国や民族と民族の争いなどの、国際的な問題の原因になっていることもあります。どんな問題があるのでしょうか。

宗教と政治の関係

宗教は、人類が誕生したころからあったと言われます。人間の力ではどうにもならない災害や気象、人の死などは、人間にはわからない何か大きな力がはたらいていると考えられたのでしょう。

やがて、文明がおこって国ができ、政治が行われるようになります。大昔の政治は、うらないのような宗教に基づいていたと考えられます。日本では、政治を「まつりごと」と言っていました。これは、「政治＝祭り＝宗教」ということを表しています。

宗教には、人々をまとめ、結びつける力があります。同じ宗教を信じ、同じ祭りをすることで、社会がまとまったと考えられます。

しかし、宗教での結びつきが強まるほど、ほかの宗教を信じる人たちとの間で争いやにくしみが起こり、その結果、戦争になることもありました。また、同じ国の中でも、国が決めた宗教以外を禁じたり、ほかの宗教を信じる人が不利益を受けたりしました。

近代になると、国が決めた宗教だけを信じさせるのはおかしいという声が高まってきました。

現在、日本などでは、政治と宗教は切りはなされています。これを政教分離と言います。国は、ある宗教を有利にしたり、宗教に基づいた政治を行ったりすることはできません。また、国民はどんな宗教も自由に信じてよいとされ、宗教によって差別などを受けることがないよう法律がつくられています。これを、信教の自由と言います。

いっぽうで、イスラム教の国のように、宗教に基づいて政治が行われる場合もあります。

第2章 宗教のつながり

宗教をめぐって争いが起こる

世界の歴史の中では、ちがう宗教を信じる人々や国の間で、たびたび戦争が起こってきました。宗教だけが原因ではないのですが、宗教の対立が戦争のきっかけのひとつになったことも少なくありません。

これは、現在もなくなっていません。近年の戦争や紛争、各地で起こるテロ（ある目的のために、暴力を使うこと）でも、宗教をめぐる考え方のちがいがもとになっている例はたくさんあります。

宗教のちがいが、争いのきっかけになるのは、なぜでしょうか。

例えば、ユダヤ教では、自分たちユダヤ人は、神によって選ばれた民族だとしています。そうすると、ユダヤ人のまとまりは強くなりますが、ほかの民族にとけこんだり、ほかの民族を受け入れたりすることが少なくなります。そのため、ユダヤ人をよく思わない人たちとの間に、争いが起こることにつながるのです。

宗教にはそれぞれ、その宗教にとって大切な場所があります。宗教を開いた人が生まれた場所や、宗教をおこした場所、亡くなった場所などです。こうした場所を、聖地と言います。

聖地の中には、同じ場所なのに、ちがう宗教の聖地として重なっている場合があります。例えば、中東のエルサレムは、ユダヤ教、キリスト教、イスラム教の聖地です（→50ページ）。このような場合、聖地をめぐって争いになることもあります。

宗教と科学の関係

宗教は、目に見えないものがあると信じたり、人間にはわからない大きな力がはたらいているとする場合があります。また、すべての生き物は神がつくったと信じる場合もあります。

いっぽう、科学は、原因と結果がはっきりしているものを信じ、筋道を立てて考えます。ある意味で、宗教と科学は対立する考え方とも言えるかもしれません。

しかし、宇宙の本当の姿を明らかにしたいという面では、共通する部分もあると言えるでしょう。

宗教のつながり①

宗教の中には、前にあった宗教をもとにしたり、批判することで生まれたものもあります。おたがいにえいきょうし合うという意味で、宗教同士のつながりがあるのです。

ユダヤ教から新しくできたキリスト教

ユダヤ教は、約3000年前からあった、世界でも最も古い宗教のひとつです（→36ページ）。唯一絶対の神を信じ、人間はその神と契約を交わしているとしています。神との契約は、文章にされました。これが聖書（『ヘブライ語聖書』と言う）です。ユダヤ教の聖書には、世界がどのようにできたかについてや、ユダヤ人の歴史、神との契約の内容などが書かれています。ユダヤ教は、中東のパレスチナに住んでいたユダヤ人たちの宗教でした。ユダヤ人は、自分たちが神に選ばれた民族だと考えていました。

やがて、ユダヤ教の教えを形だけ守ることが重んじられるようになり、苦しい生活を送る民衆の声を聞かなくなっていきました。

約2000年前、パレスチナに生まれたイエスは、ユダヤ人であり、ユダヤ教を信じていましたが、このようなユダヤ教のわくをこえた教えを説き、新しい宗教のもとをつくりました。これが後に、キリスト教になったのです。

イエスは、神の愛と隣人への愛を説きました（→7ページ）。このような教えは、ユダヤ人以外の人々にも受け入れられ、後にヨーロッパの広い地域で、キリスト教が信仰されることになりました。

キリスト教では、イエスが、神と新しく契約を結んだと考えます。これを書き記したものが『新約聖書』です。それまでの契約も大切で、これを『旧約聖書』と言います。『旧約聖書』は、ユダヤ教の『ヘブライ語聖書』に当たります。また、ユダヤ教もキリスト教も、信じる神は同じです。キリスト教は、後に、ローマ・カトリック教会と東方正教会に分かれ、さらにローマ・カトリック教会からプロテスタントが分かれました。

ユダヤ教

約3000年前に教えのもとができた。唯一絶対の神を信じる。ユダヤ人が神と契約したもので、ユダヤ人は、神に選ばれた民族だと考える。

キリスト教

約2000年前、ユダヤ人だったイエスが説いた教えがもとになってできた。唯一絶対の神を信じる。神の愛と隣人への愛を説くのが特ちょう。その後、ヨーロッパに広まった。

キリスト教の教会。
Matej Kastelic / Shutterstock.com

イスラム教

610年ごろ、ムハンマドによって始められた。唯一絶対の神アッラーを信じる。ユダヤ教とキリスト教を発展させたと主張する宗教。

第2章 宗教のつながり

ユダヤ教、キリスト教、イスラム教は、同じ神を信じているよ。

イスラム教はユダヤ教・キリスト教から発展と主張

　イスラム教は、610年ごろ、神のことばを聞いたというムハンマドによって始められました（→24ページ）。ムハンマドは、アッラーのことばを預かる預言者とされます。

　イスラム教は、ユダヤ教やキリスト教の神と同じ、一神教です。そして、イスラム教では、ユダヤ教のモーセやキリスト教のイエスも、預言者のひとりとしています。ムハンマドについては、最高で最後の預言者であるとします。

　イスラム教は、ユダヤ教やキリスト教を認めていますが、どちらも神の教えをじゅうぶんに伝えていないとします。ユダヤ教やキリスト教を発展させ、完成させた宗教がイスラム教であるとしているのです。

　アッラーの前では、すべての信者は平等だとするイスラム教は、多くの人に受け入れられ、広がっていきました。その間に、シーア派が分かれ、シーア派以外のイスラム教はスンナ派と呼ばれるようになりました。

イスラム教の考え方

● モーセやイエスも、預言者のひとりである。

● ムハンマドは、最高で最後の預言者である。

● イスラム教は、ユダヤ教やキリスト教を発展させ、完成させた宗教である。

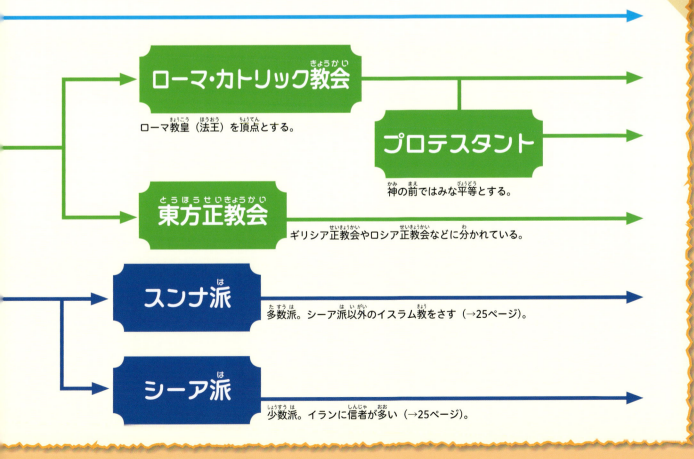

ローマ・カトリック教会
ローマ教皇（法王）を頂点とする。

プロテスタント
神の前ではみな平等とする。

東方正教会
ギリシア正教会やロシア正教会などに分かれている。

スンナ派
多数派。シーア派以外のイスラム教をさす（→25ページ）。

シーア派
少数派。イランに信者が多い（→25ページ）。

47

宗教のつながり②

アジアの宗教にも、つながりがあります。インドで生まれたバラモン教は、その後の仏教、ヒンドゥー教と関係があります。また、仏教はアジア各地に広まり、日本の神道とも関わっています。

ヒンドゥー教に取りこまれた仏教

インドでは古くからバラモン教が信仰され、人は4つの身分に分けられるとする制度がありました。

このような中で、紀元前6～前5世紀ごろ、ゴータマ・シッダールタ（ブッダ）の教えがもとになって、仏教が生まれました。ブッダは、人は4つの身分に分けられるとする制度を否定し、人はみな平等として、バラモン教に反対する立場をとりました。

インドでは、生き物は何度も生と死をくり返すとする輪廻という考えがありましたが、仏教では、さとりを開くことによって、輪廻からのがれること（解脱）をめざしました（→18ページ）。

その後仏教は、インドに広まりましたが、6世紀ごろにはおとろえてしまいます。

いっぽう、バラモン教に、古くからインドにあった神々を信じる信仰が取り入れられて、ヒンドゥー教が生まれました。ヒンドゥー教も、仏教と同じように、輪廻からのがれることをめざします。そして、シヴァやヴィシュヌなど、多くの神々を信仰します。仏教は、ヒンドゥー教に取りこまれる形となり、ブッダもヒンドゥー教の神様たちのひとりが姿を変えたものと考えられるようになります。

ヒンドゥー教は、現在も、インドでは多くの人々が信仰しています。

バラモン教
インドに古くからあった宗教。人は、4つの身分に分けられるとする。

バラモン教の神様。
photonewman / Shutterstock.com

ヒンドゥー教
仏教がヒンドゥー教に取りこまれる。ブッダは、ヒンドゥー教の神様のひとりが姿を変えたものとする。

仏教
バラモン教を否定する立場から生まれた。輪廻からのがれることをめざす。

aphotostory / Shutterstock.com

儒教
中国で、孔子の教えをもとに始まる。人を愛する「仁」を重んじる。

孔子の像。

道教
中国で、老子や荘子の教えがもとになる。「道」というルールに従い、人は自然に身を任せることが大切と説く。

神道の鳥居。

©PIXTA

神道
古くから日本にあった宗教。自然のさまざまなものに神が宿ると考える。

第2章 宗教のつながり

仏教は、いろいろな宗教にえいきょうをあたえているんだ。

神道に仏教が入ってきた日本

　仏教は、インドではおとろえますが、アジア各地に伝わって信仰されるようになります。
　中国では、儒教や道教という宗教がありましたが、仏教も受け入れられ、やがてこれら3つの宗教が混じり合っていきました。
　仏教は、ブッダの教えを守り、**修行した人だけがさとりを得られる**とする上座部仏教と、**あらゆる人を救うことをめざす**大乗仏教に分かれました。さらに、大乗仏教から、チベット仏教が分かれました（→22〜23ページ）。
　日本には古くから、**自然のさまざまなものに神が宿る**とする神道の考えがありましたが、6世紀に仏教が伝わると、じょじょに広まっていきました。やがて、**日本の神様は、仏教の仏様が日本の人々を救うために、姿を変えて現れたもの**だという考え方がおこりました。そして、神社にお寺が建てられるなど、神道と仏教が混じり合っていきました。これを神仏習合と言います。「習合」とは、いくつかのものをひとつに合わせるという意味です。神仏習合は、江戸時代の終わりまで続きました。
　いっぽう、日本には、中国から儒教や道教も伝わり、現在まで、これらの宗教が入り交じる形で信仰されています。これは、もともとの神道が、さまざまな考えを受け入れ、取りこむ宗教だったからだと考えられます。

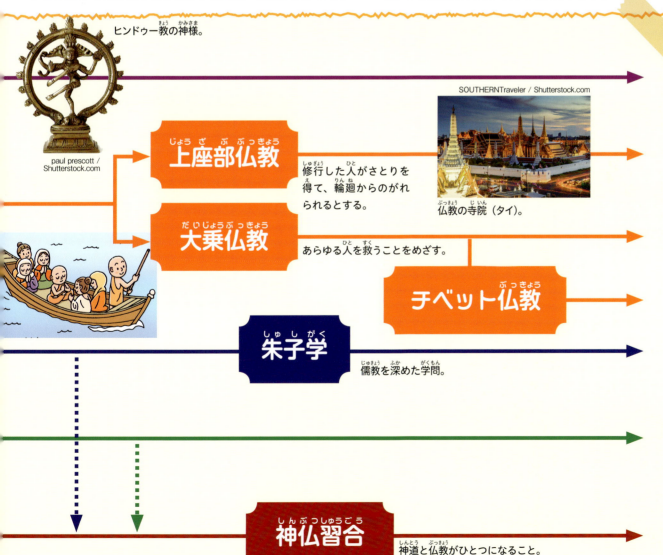

ヒンドゥー教の神様。

上座部仏教 — 修行した人がさとりを得て、輪廻からのがれられるとする。

仏教の寺院（タイ）。

大乗仏教 — あらゆる人を救うことをめざす。

チベット仏教

朱子学 — 儒教を深めた学問。

神仏習合 — 神道と仏教がひとつになること。

聖地をめぐる争い

中東のエルサレムは、ユダヤ教、キリスト教、イスラム教の共通の聖地です。聖地をめぐって、昔からたびたび争いが起こりました。

3つの宗教の聖地エルサレム

中東のパレスチナにあるエルサレムは、イスラエルが首都であると主張する都市です。エルサレムには、ユダヤ教、キリスト教、イスラム教という3つの宗教の聖地があります。

ユダヤ教にとっては、神殿があった場所です。キリスト教にとっては、イエスが教えを説き、処刑され、復活したとされる場所です。さらにイスラム教にとっては、ムハンマドが天にのぼり、アッラーのことばを受けた場所とされます。

3つの宗教にとって、たいへん重要な場所なのです。

エルサレムの旧市街の地図。3つの宗教の聖地が、たいへん近い場所にある。

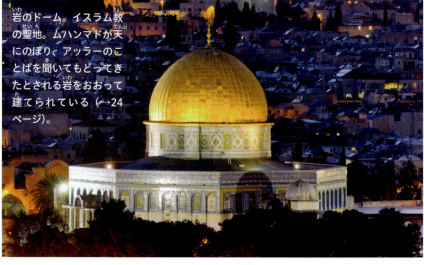

岩のドーム。イスラム教の聖地。ムハンマドが天にのぼり、アッラーのことばを聞いてもどってきたとされる岩をおおって建てられている（→24ページ）。

ESB Professional / Shutterstock.com

嘆きの壁。ユダヤ教の聖地。神殿があったが、ローマ帝国の軍隊にこわされ、現在はかべだけが残っている。ユダヤ教徒がここを訪れてなげいたことから名づけられた。

Tutti Frutti / Shutterstock.com

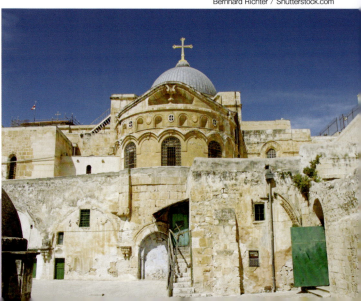

聖墳墓教会。キリスト教の聖地。イエスが処刑されたゴルゴタの丘と、復活したとされる墓をおおって建てられている。

Bernhard Richter / Shutterstock.com

第 2 章 宗教のつながり

エルサレムに送られた十字軍

　11世紀、エルサレムは、イスラム教の国に支配されていました。ヨーロッパのキリスト教の国々は、ローマ・カトリック教会のローマ教皇の呼びかけによって、エルサレムに軍を送りました。これを、十字軍と言います。

　十字軍は11世紀末から13世紀後半にかけて7回送られました。エルサレムを占領し、キリスト教の国を建てたこともありましたが、結局、聖地をうばうことはできませんでした。

　いっぽう、むかえうつイスラム教徒にとって、十字軍は、自分たちの領土に攻めてくる侵略者でした。

十字軍の時代の城、クラック・デ・シュバリエ。現在のシリア北西部にある。
Milonk / Shutterstock.com

エルサレムに向かう十字軍。ヨーロッパの国々の兵士たちが参加した。キリスト教を表す十字のしるしをつけている。

イスラエルの建国が新たな争いに

　その後、エルサレムは、イスラム教の国が支配していましたが、20世紀前半にはイギリスが支配するようになります。

　第二次世界大戦後の1948年、ユダヤ人がイスラエルを建国しました。すると、その周りのエジプト、シリア、ヨルダンなど、アラブの国々は、軍を送ってイスラエルを攻撃しました。こうして起こった戦争を、中東戦争と言います。

　その後、エルサレムがあるパレスチナの地では、イスラエルと、その周辺の国々が争いをくり返すようになり、現在も解決していません。

中東戦争で、攻撃されるエルサレム（1948年）。
Alamy / PPS 通信社

宗教をめぐる問題や争い

現在も、世界各地でさまざまな問題や争いが起こっています。宗教のちがいが、領土問題などと関係し、さまざまな問題や争いの原因となっていることがあります。

近年の宗教をめぐる争いや事件

❶パリでのテロ事件
2015年1月に、ムハンマドをからかった記事をのせた新聞社が、イスラム過激派におそわれた。また、同年11月、フランスのパリ市街などで大規模なテロが発生。過激集団「イスラム国（IS）」によるものだった。

2015年11月のテロ直後、警備をする警官。
Frederic Legrand - COMEO / Shutterstock, Inc.

❷レバノン内戦
1975〜1990年。キリスト教徒とイスラム教徒の対立から内戦が起こる。

❸シリア内戦
2011年〜。イスラム教のシーア派とスンナ派の対立に、過激集団「イスラム国（IS）」が加わって内戦状態が続く。

❹スーダン内戦
1955〜1972年、1983〜2005年。北部のイスラム教徒と南部のイスラム教徒以外の人々との対立から内戦が起こる。2011年7月、南スーダンが独立した。

❺イランとサウジアラビアの国交断絶
2016年1月、シーア派のイランとスンナ派のサウジアラビアが対立し、国交（国と国のつき合い）をやめた。サウジアラビアは、国内でシーア派が強くなることをきらっている。

❻タリバンによる石仏破壊
アフガニスタンを支配していたタリバンは、2001年3月に、イスラム教の偶像崇拝禁止を理由に、仏教遺跡のバーミヤンの石仏を爆破した。

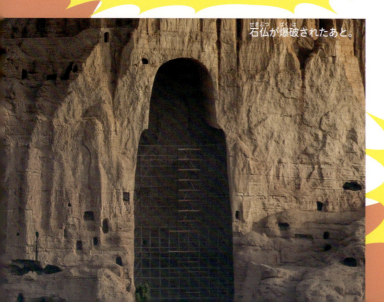

石仏が爆破されたあと。

picattos / Shutterstock.com

第2章 宗教のつながり

❼カシミール紛争
1947年～。中央アジアのカシミール地方をめぐる、インド、中国、パキスタンの紛争。ヒンドゥー教のインドとイスラム教のパキスタンの対立も原因のひとつ。

❾チベット動乱
1956年～。チベット仏教を信仰し、ダライ・ラマをうやまうチベットを中国が支配した。チベット独立をめざす人々が、多数殺されている。

❽スリランカ内戦
1983～2009年。多数派の仏教徒と少数派のヒンドゥー教徒の対立から内戦が続いた。

❿ミャンマーの宗教対立
2012年～。多数をしめる仏教徒と少数のイスラム教徒の対立から、民族の対立も加わって、暴動事件が起こる。

⓫バリ島の爆弾テロ
2002年、インドネシアのバリ島で外国人観光客ら202人（うち日本人2人）が犠牲となるテロが起こる。イスラム教の過激組織によるもの。

⓬9.11アメリカ同時多発テロ
2001年9月11日、アメリカ合衆国で、世界貿易センタービルが破壊されるなどのテロが起こった。アルカイダというイスラム教の過激組織によるもので、アメリカは、その仕返しに、アフガニスタンを攻撃した。

宗教だけでなく、民族の対立や、利益をめぐる争いなどもからみ合っているよ。

飛行機が突入してけむりを上げるビル。
Dan Howell / Shutterstock, Inc.

おたがいを理解するために

宗教による対立や問題が起こるいっぽうで、異なる宗教を信じる人々が、おたがいを理解していこうとする動きもあります。

宗教間で仲よく

宗教のちがいは、古くから対立を生み、戦争などになることもありました。しかし、宗教は、ほかの宗教を認めないわけではありません。世界宗教と呼ばれるキリスト教、仏教、イスラム教は、いずれも教えの下では、あるいは神の前ではみな平等であると説いています。

例えば、昔のイスラム教の国々では、イスラム教以外の人々も、税金さえはらえば認められていました。ちがう宗教の人々が同じ国で暮らすことは、そうめずらしいことではなかったのです。

いろいろな宗教を認め、同じ国に暮らす。

宗教間の対話をめざす

異なる宗教の間での対話が試みられたこともあります。1893年、アメリカのシカゴで行われた万国博覧会では、万国宗教会議が開かれ、世界各国から宗教家が集まりました。日本からも仏教の宗派の代表が参加しました。

1893年の万国宗教会議のようす。

他宗派・他宗教と対話するローマ教皇

2013年にローマ教皇（法王）となったフランシスコは、宗教間の対話を積極的に進めています。

ローマ・カトリック教会の最高指導者として、キリスト教の他の宗派であるプロテスタントや、東方正教会の指導者とも会っています。

また、以前から、ユダヤ教やイスラム教の信者との対話もしてきました。

ローマ教皇（左）と、イスラム教の指導者（右）との対話。
Bridgeman Images / PPS通信社

第2章 宗教のつながり

宗教をめぐる問題の解決のために

宗教が原因となる争いが起こらないようにするためには、おたがいに理解し、相手を大切にすることが大事です。

自分が信じる宗教だけが正しいと決めつけ、ちがう宗教の人をさけたり、下に見たりすることは問題があります。

そうならないためには、相手をよく理解しようと努めることが大切です。その気持ちがあれば、ちがう宗教の人とも話し合うことができるでしょう。

相手を理解するよう努める

ちがう宗教の人と話し合う。

国際理解のために、宗教の目で見ることも

いろいろな角度から考える。

国と国や、民族の間の争いは、原因がひとつとは限りません。ちがう民族の間の対立や領土をめぐる争い、資源などの利益についての問題もあり、また、それらのいくつかが重なって起こる場合もあります。起こっているできごとを、いろいろな面から見ると、何が問題になっているのかがわかってくると思います。

逆に、国際的な争いの背景に、宗教的な問題があるのではないかと考えると、問題がよく理解できることもあるでしょう。正しく国際理解をするために、宗教の目で見るということは、とても重要なのです。

さまざまな宗教を取り入れた寺院

ロシアのカザンという都市は、キリスト教のロシア正教徒、イスラム教徒、仏教徒が共に暮らしています。

カザンには、これらの宗教が共に信仰されている都市を表す全宗教寺院が建てられています。キリスト教、イスラム教のほか、仏教など16の宗教の寺院（お寺）の姿が取り入れられた建物です。

どんな宗教も理解し合って仲よくしようという気持ちを表しています。

カザンにある全宗教寺院。1994年から建設が始まった。　Dan Howell / Shutterstock, Inc.

さくいん

あ
ＩＳ ……………………… 52
アーシュラー ………………… 29
アダム …………………………… 9
アチュート …………………… 41
アッラー ………………… 26、27
アートマン …………………… 40
甘茶 …………………………… 20
アーリヤ人 …………………… 40
アルカイダ …………………… 53
安息日 ………………………… 39
イエス ……………… 6、8、46
イコン ………………………… 15
イジュマー …………………… 26
イースター …………………… 13
イスラエル ……………… 37、51
イスラエル王国 ……………… 37
イスラエル人 …………… 36、37
イスラム教 … 4、24、26、28、47、50
イスラム国 …………………… 52
イスラム帝国 ………………… 25
イスラム法 …………………… 26
イスラー・ワ・ミーラージュ … 29
一切皆苦 ……………………… 18
一神教 …………………… 8、25
イード・アルアドハー ……… 29
イード・アルフィトル ……… 29
イブ ……………………………… 9
岩のドーム ……………… 24、50
ヴァイシャ …………………… 41
ヴィサカブーチャ …………… 21
ヴィシュヌ …………………… 42
ヴェーダ ……………………… 40
氏神様 ………………………… 31
氏子 …………………………… 31
産土様 ………………………… 31
エデンの園 …………………… 9
エピファニー ………………… 13
エルサレム ……………… 50、51
大王 …………………………… 31
大神神社 ……………………… 30
お経 …………………………… 17
お釈迦様 ……………………… 17
お盆 …………………………… 20
お宮参り ……………………… 35

か
戒名 …………………………… 21
戒律 …………………………… 38
神楽殿 ………………………… 34
カザン ………………………… 55
カシミール紛争 ……………… 53
カースト制度 ………………… 41
渇愛 …………………………… 19
割礼 …………………………… 28
カナン ………………………… 36
ガブリエル …………………… 24
カリフ ………………………… 25
カルマ ………………………… 43
ガンジス ……………………… 41
喜捨 …………………………… 27
犠牲祭 ………………………… 29
吉祥天 ………………………… 43
祈年祭 ………………………… 35
キヤース ……………………… 26
旧教 …………………………… 15
救世主 …………………………… 7
旧約聖書 ………… 10、11、46
経典 …………………………… 17
ギリシア正教会 ……………… 15
キリスト ……………………… 7
キリスト教 … 4、6、7、8、10、12、14、46、50
偶像崇拝 ……………………… 27
クシャトリア ………………… 41
苦諦 …………………………… 19
クリスマス …………………… 13
クルアーン（コーラン） …… 26
啓典 …………………………… 27
けがれ ………………………… 33

解脱 ……………………… 19、42
ゲットー ……………………… 37
原罪 …………………………… 9
堅信 …………………………… 12
業 ……………………………… 43
孔子 …………………………… 48
孔子廟 …………………………… 5
五行 …………………………… 27
古事記 ………………………… 31
ご神体 ………………………… 34
ゴータマ・シッダールタ … 16、17、48
告解 …………………………… 12
言霊 …………………………… 33
こま犬 ………………………… 34
ゴルゴタの丘 ………………… 50
婚姻 …………………………… 12
コンスタンティノープル …… 15

さ
最後の審判 …………………… 9
最後の晩餐 …………………… 7
歳旦祭 ………………………… 35
サウム ………………………… 29
さとり ………………………… 18
サンサーラ …………………… 42
三蔵 …………………………… 22
参道 …………………………… 34
三位一体説 …………………… 8
シーア派 ………………… 25、47
シヴァ ………………………… 42
司教 …………………………… 14
四苦八苦 ……………………… 19
司祭 …………………………… 14
四諦 …………………………… 19
七五三 ………………………… 35
地鎮祭 ………………………… 35
十戒 …………………………… 38
集諦 …………………………… 19
使徒言行録 …………………… 11
シナゴーグ …………………… 39
ジハード ……………………… 24
ジブリール …………………… 24
四法印 ………………………… 18
ジャイナ教 …………………… 41
シャカ ………………………… 17
釈迦如来 ……………………… 22
釈迦牟尼世尊 ………………… 17
釈尊 …………………………… 17
シャリーア …………………… 26
十字軍 ………………………… 51
十大弟子 ……………………… 17
秋分の日 ……………………… 35
儒教 ………………………… 5、49
修験者 ………………………… 33
修験道 ………………………… 33
受胎告知日 …………………… 13
シュードラ …………………… 41
主の変容 ……………………… 13
春分の日 ……………………… 35
巡礼 ……………………… 27、29
正見 …………………………… 19
正語 …………………………… 19
正業 …………………………… 19
上座部仏教 ………… 22、23、49
正思惟 ………………………… 19
正定 …………………………… 19
正精進 ………………………… 19
正道 …………………………… 26
上棟式 ………………………… 35
正念 …………………………… 19
正命 …………………………… 19
叙階 …………………………… 12
諸行無常 ……………………… 18
助祭 …………………………… 14
諸法無我 ……………………… 18
除夜祭 ………………………… 35
シリア内戦 …………………… 52
新教 …………………………… 15
信教の自由 …………………… 44

信仰告白 ……………………… 27
神社 …………………………… 34
神道 … 5、30、32、34、35、49
神仏習合 ……………………… 49
新約聖書 ………… 10、11、46
枢機卿 ………………………… 14
スーダン内戦 ………………… 52
スリランカ内戦 ……………… 53
スンナ ………………………… 26
スンナ派 ………………… 25、47
政教分離 ……………………… 44
聖戦 …………………………… 24
聖体拝領 ……………………… 12
聖地 …………………………… 45
聖墳墓教会 …………………… 50
聖マリアの日 ………………… 13
聖霊 …………………………… 8
節分 …………………………… 21
セルビア正教会 ……………… 15
全宗教寺院 …………………… 55
洗礼 …………………………… 12
葬儀 …………………………… 21
荘子 …………………………… 48
ソロモン王 …………………… 37

た
大黒天 ………………………… 43
大司教 ………………………… 14
大乗仏教 ………… 22、23、49
多神教 ………………………… 25
ダライ・ラマ14世 ………… 23
タリバン ……………………… 52
ダルマ ………………………… 43
タルムード …………………… 38
断食 ……………………… 27、29
断食明け祭 …………………… 29
誕生仏 ………………………… 20
チベット動乱 ………………… 53
チベット仏教 …………… 23、49
中東戦争 ……………………… 51
手水舎 …………………… 33、34
鎮守様 ………………………… 31
鎮守の森 ……………………… 34
ディーワーリー ……………… 43
天使 …………………………… 27
天上飛行の夜 ………………… 29
道教 …………………………… 49
同時多発テロ ………………… 53
道諦 …………………………… 19
東方正教会 ………… 14、15、46
灯ろう ………………………… 34
年越しの大はらえ …………… 35
塗油 …………………………… 12
トーラー ………………… 38、39
鳥居 …………………………… 34

な
嘆きの壁 ………………… 4、50
夏越の大はらえ ……………… 35
那智滝 ………………………… 30
新嘗祭 ………………………… 35
日本書紀 ……………………… 31
如来 …………………………… 22
涅槃 …………………………… 19
涅槃寂静 ……………………… 18

は
拝殿 …………………………… 34
パウロ …………………………… 7
バグダード …………………… 25
ハッジ ………………………… 29
八正道 ………………………… 19
花祭り ………………………… 20
花御堂 ………………………… 20
バビロニア …………………… 37
バビロン ……………………… 37
バラモン ………………… 40、41
バラモン教 ………… 40、41、48
ハリジャン …………………… 41
万国宗教会議 ………………… 54
万聖節 ………………………… 13

彼岸 …………………………… 20
彼岸の中日 …………………… 20
ヒジュラ ……………………… 29
飛瀧神社 ……………………… 30
ヒンドゥー教 … 4、40、41、42、48
福音書 ………………………… 11
フサイン殉教祭 ……………… 29
プージャー …………………… 43
仏教 … 5、16、18、20、22、41、48、49
ブッダ …… 17、18、20、22、48
ブラーク ……………………… 24
ブラフマー ……………… 40、42
ブラフマン …………………… 40
フランシスコ ………………… 54
ブルガリア正教会 …………… 15
プロテスタント ……… 14、15、46
ヘブライ語聖書 ………… 38、46
ヘブライ人 ……………… 36、37
弁才天 ………………………… 43
ペンテコステ ………………… 13
法 ……………………………… 43
法事 …………………………… 21
法名 …………………………… 21
牧師 …………………………… 15
菩薩 …………………………… 22
ポタラ宮 ……………………… 23
ホーリー祭 …………………… 43
本殿 …………………………… 34
ぼんのう ……………………… 19

ま
まつりごと …………………… 44
マリウド・アンナビー ……… 29
マンダラ ……………………… 23
みそぎ ………………………… 33
密教 …………………………… 23
三輪山 ………………………… 30
ムハンマド ……………… 24、47
ムハンマド聖誕祭 …………… 29
命名式 ………………………… 28
メッカ ………………………… 24
滅諦 …………………………… 19
メディナ ……………………… 24
モークシャ …………………… 42
モーセ ………………………… 36

や
八百万の神 …………………… 32
ヤハウェ ……………………… 38
ヤマト政権 …………………… 31
山伏 …………………………… 33
ユダ王国 ……………………… 37
ユダヤ教 … 4、36、38、46、50
ユダヤ人 ……………………… 37
ユダヤ暦 ……………………… 39
預言者 …………………… 27、47
預言書 ………………………… 11
ヨシュア ……………………… 36
予定 …………………………… 27
ヨハネの黙示録 ……………… 11

ら
来世 …………………………… 27
ラサ …………………………… 23
ラビ …………………………… 39
ラマ …………………………… 23
律法 ……………………… 38、39
輪廻 ………………… 18、42、48
礼拝 …………………………… 27
レバノン内戦 ………………… 52
老子 …………………………… 48
六信 …………………………… 27
ロシア正教会 ………………… 15
ローシュ・ハシャナ ………… 39
ローマ・カトリック教会 … 14、46
ローマ教皇 ……………… 14、54
ローマ教皇庁 ………………… 14
ローマ帝国 …………………… 7

わ
和 ……………………………… 32

池上彰 監修！
国際理解につながる宗教のこと（全4巻）

監修　池上彰

1950年、長野県生まれ。大学卒業後、NHKに記者として入局する。社会部などで活躍し、事件、災害、消費者問題などを担当し、教育問題やエイズ問題のNHK特集にもたずさわる。1994年4月からは、「週刊こどもニュース」のおとうさん役兼編集長を務め、わかりやすい解説で人気となった。現在は、名城大学教授。
おもな著書に、『一気にわかる！ 池上彰の世界情勢2017』（毎日新聞出版）、『池上彰の世界の見方: 15歳に語る現代世界の最前線』（小学館）、『伝える力』（PHP研究所）、『池上彰の戦争を考える』（KADOKAWA）などがある。

●編集協力
　有限会社大悠社

●表紙デザイン
　木村ミユキ

●本文デザイン
　木村ミユキ

●表紙イラスト
　よしむらあきこ

●イラスト
　きゃんみのる
　すぎうらあきら

●図版
　アトリエ・プラン

●参考文献

『国際関係がよくわかる　宗教の本①～④』池上彰（岩崎書店）
『[図解] 池上彰の 世界の宗教が面白いほどわかる本』池上彰（KADOKAWA）
『一冊でわかるイラストでわかる 図解現代史 1945-2020』東京都歴史教育研究会・監修（成美堂出版）
『一冊でわかるイラストでわかる 図解宗教史』塩尻和子 ほか2名監修（成美堂出版）
『一冊でわかるイラストでわかる 図解仏教』廣澤隆之・監修（成美堂出版）
『オールカラーでわかりやすい！ 世界の宗教』渡辺和子・監修（西東社）
『面白いほどよくわかる イスラーム』塩尻和子・監修、青柳かおる（日本文芸社）
『面白いほどよくわかる キリスト教』宇都宮輝夫 阿部包（日本文芸社）
『面白いほどよくわかる 神道のすべて』菅田正昭（日本文芸社）
『面白いほどよくわかる 聖書のすべて』ひろさちや・監修、中見利男（日本文芸社）
『面白いほどよくわかる 仏教のすべて』金岡秀友・監修、田代尚嗣（日本文芸社）
『「神」と「仏」の物語』由良弥生（KKベストセラーズ）
『教養としての仏教入門 身近な17キーワードから学ぶ』中村圭志（幻冬舎）
『佐藤優さん、神は本当に存在するのですか？ 宗教と科学のガチンコ対談』竹内久美子 佐藤優（文藝春秋）
『史上最強図解 橋爪大三郎といっしょに考える宗教の本』橋爪大三郎・監修（ナツメ社）
『常識として知っておきたい 世界の三大宗教』歴史の謎を探る会［編］（河出書房新社）
『詳説世界史』佐藤次高 木村靖二 ほか4名（山川出版社）
『詳説日本史』石井進 五味文彦 ほか12名（山川出版社）
『神社と神様大全』（宝島社）
『図解 いちばんやさしい三大宗教の本』沢辺有司（彩図社）
『図解 知っているようで意外と知らない お寺さん入門』渋谷申博 ほか（洋泉社）
『図解 知っているようで意外と知らない 神社入門』渋谷申博 ほか（洋泉社）
『図解 世界5大宗教全史』中村圭志（ディスカヴァー・トゥエンティワン）
『世界最新紛争地図』（宝島社）
『世界の宗教』村上重良（岩波書店）
『世界の宗教がまるごとわかる本』（枻出版社）
『世界の宗教は人間に何を禁じてきたか』井上順孝（河出書房新社）
『地図で読む世界史』柴宜弘・編著（実務教育出版）
『帝国書院 ＝ タイムズ 同時代史的 図解世界史』ジェフリー ＝ パーカー・監修、浅香正 新井桂子 ほか13名・訳（帝国書院）
『徹底図解 世界の宗教』島崎晋（新星出版社）
『何をめざして生きるのか？ 目で見る宗教』ドーリング ＝ キンダースリー・編、町田敦夫・訳（さ・え・ら書房）
『「日本人の神」入門 神道の歴史を読み解く』島田裕巳（講談社）
『プレステップ宗教学〈第2版〉』石井研士（弘文堂）
『もっとよくわかる 世界の三大宗教 かなり素朴な疑問・篇』歴史の謎を探る会［編］（河出書房新社）

池上彰 監修！
国際理解につながる宗教のこと
2巻 宗教を知ろう

2017年4月1日　　初版発行

発行者　　升川秀雄
編　集　　松田幸子
発行所　　株式会社教育画劇
　　　　　〒151-0051　東京都渋谷区千駄ヶ谷 5-17-15
　　　　　TEL：03-3341-3400　FAX：03-3341-8365
　　　　　http://www.kyouikugageki.co.jp
印刷・製本　大日本印刷株式会社

56P 297 × 210mm　NDC386 ISBN 978-4-7746-2092-3
Published by Kyouikugageki, inc., Printed in Japan
本書の無断転写・複製・転載を禁じます。乱丁、落丁本はお取り替えいたします。

池上彰 監修！
国際理解につながる
宗教のこと